Todo sobre el divorcio y la separación

Mercè Tabuenca Petanàs

TODO SOBRE EL DIVORCIO Y LA SEPARACIÓN

dve
PUBLISHING

Colección dirigida por David Siuraneta Pérez, abogado colegiado.

© Editorial De Vecchi, S. A. 2019
© [2019] Confidential Concepts International Ltd., Ireland
Subsidiary company of Confidential Concepts Inc, USA
ISBN: 978-1-64461-438-9

Índice

Introducción

La familia es una agrupación humana cuya concepción no constituye una realidad inmutable en el tiempo. La composición, los hábitos y las reglas que la rigen evolucionan constantemente. Así, una vez abandonado el concepto que antiguamente se tenía de la familia troncal, entendida como un colectivo extenso (padres, hijos, nietos, tíos, etc.) en el que convergían esfuerzos para atender conjuntamente a las necesidades globales de la familia, tendemos hacia un modelo de familia reducida o nuclear formada por padres e hijos todavía no independizados económicamente que basan su convivencia con sus progenitores en unas relaciones que se caracterizan por una mayor libertad e independencia.

Por otro lado, la propia sociedad va admitiendo nuevas instituciones y comportamientos que, si bien en el pasado pudieron comportar ciertos prejuicios, en la actualidad se aceptan con normalidad. Son muestras de ello la aceptación del divorcio, con la consecuente desmembración y posibilidad de formar una familia distinta tras una inicial ruptura; la existencia de matrimonios hetero u homosexuales (este último en vigor desde el 2 de julio de 2005); la posibilidad de tener hijos fuera del matrimonio o fruto de diferentes uniones matrimoniales, todos ellos con idénticos derechos; el uso de los métodos anticonceptivos, etc.

El derecho de familia tiene por objetivo regular las relaciones básicas entre sus miembros, facilitando además pautas para la resolución de los conflictos de intereses que pudieren generarse. No obstante, la casuística de las relaciones personales impide que el derecho pueda regular expresamente la totalidad de situaciones puntuales que surjan en el día a día. Por ello tendremos que interpretar las normas legales, debiendo acudir, en el supuesto de discrepancias, al auxilio de la autoridad judicial.

A lo largo de este libro abordaremos el estudio de las figuras de la nulidad matrimonial, separación y divorcio, analizando las diferencias entre dichas instituciones; los requisitos precisos para poder acudir a cada una de ellas; las consecuencias que las mismas implican; los procedimientos judiciales indicados para alcanzarlas y demás cuestiones que debamos conocer.

Marco legal y conceptos básicos

Las leyes no pueden permanecer indiferentes ante el dinamismo de las sociedades, deben evolucionar y cambiar a su ritmo para adaptarse a las necesidades y reclamaciones de estas, de lo contrario corren el riesgo de quedar obsoletas. Aceptado en nuestra sociedad que nadie debe verse obligado a mantener su matrimonio cuando este haya perdido toda su razón de ser, es preciso al mismo tiempo que la Ley ampare y proteja los derechos de los implicados en un proceso de ruptura: tal es la finalidad última de la regulación legal de los procesos de separación, divorcio y nulidad matrimonial.

Marco legal

La institución de la familia está amparada por la Constitución española de 1978, la cual sienta los principios básicos de que el hombre y la mujer tienen derecho a contraer matrimonio con plena igualdad jurídica, y el de que los poderes públicos asegurarán la protección social, económica y jurídica de la familia, considerándose iguales ante la ley todos los hijos, con independencia de su filiación. Se establece igualmente la obligación de los padres de prestar asistencia a los hijos durante su minoría de edad o en los casos que legalmente proceda.

No obstante lo anterior, el Código Civil desarrolla los principios constitucionales y constituirá el texto legislativo básico al que tendremos que hacer referencia cuando tratemos el derecho de familia, y que fijará el contenido material de las instituciones de la nulidad, separación y divorcio, entre muchas otras.

Por otro lado, en cuanto a los procedimientos y requisitos formales que deben imperar en la tramitación de cualquier nulidad, separación o divorcio, deberemos acudir a la denominada Ley de Enjuiciamiento Civil, ley básica en materia procesal del ordenamiento jurídico civil español.

En España, se reconoce como válido el matrimonio celebrado entre personas del mismo sexo.

Así pues, los dos textos principales donde encontraremos el sustrato legal que precisaremos para el estudio de la materia concerniente al derecho matrimonial serán el Código Civil, en cuanto a contenido, y la Ley de Enjuiciamiento Civil, en cuanto a procedimiento o forma para hacer valer y cumplir los derechos y obligaciones aludidos por vía judicial.

Si bien, como ya hemos indicado, la regulación de las relaciones entre esposos debemos encuadrarla principalmente en el derecho de familia, no podemos olvidar que las diversas situaciones que en relación con la misma puedan derivarse tendrán asimismo repercusiones en otras esferas del ordenamiento jurídico, tales como el derecho sucesorio, fiscal, penal y en la protección dispensada por la Seguridad Social y entes u organismos administrativos.

Nulidad matrimonial, separación y divorcio

La convivencia matrimonial, aunque tiende a la permanencia, en ocasiones puede quebrar provocando situaciones de crisis que llevará a los esposos, bien sea de modo unilateral por parte de uno de ellos, o bien sea de común acuerdo, a la decisión de finalizar la relación de pareja que inicialmente habían convenido.

Ante tales circunstancias, la ley ha previsto mecanismos que proporcionarán diversos remedios a dichas eventualidades. El estudio detenido de tales alternativas se desarrollará en los próximos capítulos con la finalidad de determinar y diferenciar las soluciones a las que podremos acudir. Por el momento, expondremos los rasgos definitorios de las instituciones de la separación, el divorcio y la nulidad matrimonial.

No obstante, debemos dejar claro que los esposos podrán solicitar tal separación, divorcio o nulidad con total independencia de la forma en que celebraron su matrimonio. Esto es, tanto si se trató de un matrimonio religioso como si se casaron civilmente.

Desde el mismo momento en que el juzgado inicie la tramitación de cualquiera de los tres procedimientos anteriores, cesará la obligación legal de los esposos de convivir conjuntamente en el mismo domicilio, pudiendo pasar a residir separados.

Nulidad

La nulidad del matrimonio no es propiamente una respuesta legal a una situación de crisis matrimonial; no obstante ha sido frecuentemente empleada para tal finalidad.

Para contraer válidamente matrimonio es preciso que concurran determinados presupuestos o requisitos en el momento de su celebración. La no constancia de los mismos o su presencia imperfecta implicará que el matrimonio celebrado sea nulo.

Así pues, las causas que motivarán una futura declaración de nulidad debemos hallarlas en el momento de la celebración del matrimonio, lo cual ya supone una primera diferenciación respecto a las causas de sepa-

---

NULIDAD DE MATRIMONIO

Principal consecuencia: se considerará al matrimonio como si nunca hubiera existido.

- Su causa: celebración del matrimonio sin que concurran los requisitos para que el mismo sea válido.
- Los esposos nunca han llegado a serlo: son libres de casarse con quien deseen.
- Procedimiento: siempre contencioso.
- La ley reconoce y protege determinadas situaciones de hecho surgidas al amparo del matrimonio *inexistente*.

---

ración judicial y de divorcio, cuyo origen habrá que buscar durante la vida del matrimonio.

Declarar judicialmente nulo un matrimonio implicará el reconocimiento de que el matrimonio nunca ha existido (a pesar de la apariencia del mismo), considerando que aquel ya era falso en su origen, es decir, desde el momento de su misma celebración. No obstante, como ya estudiaremos, a este matrimonio nulo se le reconocerán determinados efectos.

Como la declaración de nulidad de un matrimonio supone el reconocimiento de la inexistencia legal del mismo, los dos miembros que fueron considerados erróneamente esposos podrán contraer nuevo matrimonio con plena libertad, cuando y con quien quieran.

Separación

La separación matrimonial conlleva el cese de la obligación de convivencia entre los esposos, lo cual modifica lógicamente los derechos y deberes de los mismos.

La separación puede obedecer a una mera situación de hecho (sin reconocimiento jurídico), unilateral o mutuamente consentida, o un pronunciamiento judicial establecido a través de la oportuna sentencia.

En todo caso, deberemos ya dejar claro desde el primer momento que los esposos separados no perderán la condición de marido y mujer.

Es precisamente la mencionada continuidad del vínculo matrimonial lo que diferencia la separación judicial del divorcio, puesto que en este último supuesto se disolverá el matrimonio y los esposos dejarán de serlo.

Queremos hacer también una breve referencia al modo en que los esposos podrán acceder a la separación judicial. Tal como ocurre en los casos de divorcio, serán dos los procedimientos judiciales previstos para que se declare una separación.

La posibilidad de acudir a uno u otro de los procedimientos indicados se basará en la existencia o no de un acuerdo entre los esposos respecto a la voluntad de separarse y sobre la totalidad de los efectos que deberán regular dicha separación. Si los cónyuges pactan entre ellos todos aquellos aspectos que regulen su separación, podrán acceder a la misma por la vía

---

SEPARACIÓN

Principal consecuencia: cese de la obligación de los esposos a vivir conjuntamente.

Otras características:

- Su causa: desavenencias de los cónyuges durante la vida matrimonial.
- Puede existir separación de hecho y separación judicial.
- Continuidad del vínculo matrimonial: los esposos seguirán siendo marido y mujer.
- Procedimientos judiciales:
  — vía del mutuo acuerdo;
  — vía contenciosa.
- La separación de hecho es un mero acuerdo privado de los cónyuges.

---

denominada del mutuo acuerdo. En caso contrario, de mediar discusión entre los cónyuges, deberán acudir a la separación contenciosa.

Según veremos, las consecuencias que comportarán la elección de cada una de las distintas vías serán considerablemente diferentes en cuanto a los requisitos exigibles de las partes y los trámites que deben realizarse. A pesar de ello, obtenida una sentencia de separación, lo dispuesto en la misma desplegará los mismos efectos con independencia del camino por el cual se haya obtenido.

Finalmente debemos hacer hincapié en que, en la actualidad, tanto la separación como el divorcio no hallan su fundamento en la atribución de culpabilidad a la actitud o comportamiento de uno de los esposos, pueden solicitarse por el mero transcurso de tres meses desde la celebración del matrimonio, sin que incluso sea preciso dicho plazo, si existe riesgo para la vida, integridad física o moral, libertad o indemnidad sexual, ya sea del cónyuge o de los hijos comunes o de cualquiera de los esposos. La separación y el divorcio pretenden facilitar una solución jurídica a unas situaciones de crisis matrimonial, sin que ello comporte declarar la responsabilidad de cualquiera de los esposos en la ruptura del vínculo conyugal.

Divorcio

El divorcio constituye una causa de disolución del vínculo matrimonial. Obtenida la resolución de divorcio, cualquiera de los que en su día fueron esposos podrá contraer libremente nuevo matrimonio.

Es pues esta característica del divorcio la que lo diferencia básicamente de la separación, la cual, como ya hemos indicado, implica básicamente el cese de la obligación de convivencia, si bien no rompe el vínculo matrimonial.

Igualmente, al contrario de lo que ocurre en la separación matrimonial, el divorcio únicamente existirá previa declaración judicial, no pudiendo obedecer a una situación de hecho.

A pesar de todo lo anterior, los procedimientos judiciales legalmente previstos a fin de obtener el divorcio serán los mismos que los establecidos para conseguir la separación judicial, diferenciándose estos en que los esposos alcancen o no acuerdos sobre su voluntad de divorciarse.

De este modo, podrá accederse al divorcio a través de un procedimiento basado en el mutuo acuerdo de los esposos o por una vía contenciosa en la que los cónyuges discutirán sus diferencias.

DIVORCIO

Principal consecuencia: disolución del vínculo matrimonial.

Otras características:

- Su causa: desavenencias de los cónyuges durante la vida matrimonial.
- Únicamente puede existir divorcio si ha sido declarado judicialmente (no cabe el divorcio de hecho).
- Los esposos dejarán de serlo: podrán volverse a casar con quien deseen.
- Procedimientos judiciales:
  — vía del mutuo acuerdo;
  — vía contenciosa.
- Posibilidad de solicitar el divorcio con la sola acreditación de que el matrimonio fue contraído tres meses antes.

Efectos comunes a la nulidad, separación o divorcio

Una vez declarado nulo un matrimonio o acordada la separación de los esposos o su divorcio, nacerán unos derechos y obligaciones para cada uno de los cónyuges que vendrán a regular la nueva relación que se generará entre ellos.

Necesariamente una ruptura matrimonial ha de comportar cambios, más o menos importantes, en la forma de vida de los cónyuges. Una sentencia establecerá los parámetros básicos en que estos se producirán.

Así pues, la sentencia correspondiente no sólo establecerá la nulidad, separación o divorcio, sino que hará referencia a los efectos que regirán en cualquiera de los tres pronunciamientos anteriores en relación con los siguientes términos:

— qué progenitor se hará cargo del cuidado diario de los hijos sujetos a patria potestad (y que ostentará la guarda y custodia de los mismos) y cuál será el régimen de visitas del que gozará el padre que no resida con los hijos;
— a cuál de los esposos se atribuirá el uso de la vivienda y bienes familiares;
— se cuantificará la contribución que uno de los esposos deba satisfacer al otro en concepto de cargas del matrimonio y alimentos en favor de los hijos;
— se establecerá una pensión compensatoria que, en su caso, corresponda abonar a uno de los cónyuges en favor del otro;
— se hará lo mismo para la liquidación, cuando proceda, del régimen económico-matrimonial.

El estudio pormenorizado de todos y cada uno de estos extremos mencionados, a pesar de que inicialmente puedan parecernos de difícil comprensión, serán objeto de un análisis detallado en el capítulo «Los efectos derivados de las sentencias de separación, divorcio o nulidad», al cual nos remitimos.

La relación anterior en esta parte introductoria tiene por única finalidad facilitar al lector una visión global de las principales cuestiones a considerar cuando hablemos de la regulación legal de la separación, divorcio o nulidad.

Con tal finalidad didáctica diremos también que, una vez acordados en sentencia determinados efectos, el sentido de los mismos podrá ser modificado de nuevo por el juez, si ante este juzgador se acredita una variación sustancial de las circunstancias que rodean a los esposos.

A su vez, en caso de que uno de los cónyuges incumpla cualquiera de los extremos acordados en sentencia, la ley amparará al cónyuge perjudicado para que judicialmente se procure el efectivo cumplimiento de lo acordado en el mencionado pronunciamiento judicial.

Cuestiones básicas de procedimiento

Desde un punto de vista práctico podemos estar decididos a acudir a la vía judicial para pedir que sea declarada nuestra separación, divorcio o nulidad matrimonial. Pero una vez alcanzada esta decisión, se nos pueden plantear algunos interrogantes: ¿dónde tengo que interponer la demanda?, ¿cuál será el juez que deberá dictar la sentencia?, ¿cómo quedará constancia de la resolución judicial dictada?

Vamos a intentar resolver las posibles dudas que nos puedan surgir.

Primeramente, debemos indicar que los órganos judiciales españoles son competentes para resolver demandas de separación, divorcio y nulidad de matrimonio cuando los cónyuges sean ambos de nacionalidad española.

La nacionalidad o la residencia en nuestro país de los cónyuges determina la competencia de los tribunales españoles.

También podrán tramitar dichos juzgados cualquiera de los tres procedimientos matrimoniales indicados si, a pesar de ser ambos esposos extranjeros, residen los dos en España.

Por último, podrá acudirse a los tribunales de nuestro país en dos ocasiones más:

— si la persona que solicita la separación, el divorcio o la nulidad es española y reside en territorio español (con independencia de la nacionalidad y residencia del otro cónyuge);

— si la persona contra la cual se dirige una de las tres pretensiones indicadas reside en España (con independencia de la nacionalidad y residencia del otro cónyuge).

Concretando un poco más, podremos decir que el juzgador encargado de dictar inicialmente cualquier sentencia matrimonial se denomina juez de primera instancia. Como su propio nombre indica, su función será pronunciarse por primera vez sobre la separación, divorcio o nulidad. Como ya veremos, si alguna de las partes no estuviera de acuerdo con este pronunciamiento, siempre podrá recurrir a un órgano judicial superior, denominado Audiencia Provincial, que, por segunda vez, estudiará las cuestiones objeto de discusión entre los esposos, dictando una nueva sentencia.

Por otro lado, debemos hacer también referencia a que la ley de Medidas de Protección Integral de Violencia de Género, del 28 de diciembre de 2004, crea un nuevo tipo de órgano judicial denominado Juzgado de Violencia sobre la Mujer que, en el caso de que haya existido agresión física, psíquica o verbal, conocerá tanto del procedimiento penal instruido a raíz de tal agresión como del procedimiento civil que se deba tramitar a consecuencia de la ruptura de tal relación y que, entre otros, abarcará la nulidad, la separación y el divorcio. Es decir, si existiera causa penal, la jurisdicción del juzgado de primera instancia cede ante la del Juzgado de Violencia sobre la Mujer, quien conocerá conjuntamente de ambas problemáticas, la penal y la civil. Ello supone una excepción al criterio general de conocimiento de la separación, divorcio o nulidad atribuida al juzgado de primera instancia.

Pero jueces de primera instancia hay en muchas localidades. Por ello el legislador ha tenido que continuar regulando para concretar que cualquiera de los procedimientos deberá iniciarse ante el juzgado de primera instancia del lugar donde se ubique el domicilio conyugal.

En el supuesto de que ambos cónyuges no residan en el mismo domicilio, el legislador fijará nuevas pautas que nos permitirán determinar el juzgado que sea competente para resolver el caso que se plantea: generalmente será el último domicilio del matrimonio o el de residencia del demandado, o allí donde se halle, pudiendo ser no obstante en algunos supuestos el domicilio del demandante.

Finalmente realizaremos un amplio salto en el tiempo y, desde el inicio de cualquiera de los tres procedimientos judiciales que hasta ahora hemos comentado, nos trasladaremos a su momento final para realizar un breve comentario.

Una vez dictada sentencia de separación, divorcio o nulidad, debe dejarse constancia de tal circunstancia en algún archivo oficial y público.

A tal fin el legislador ha establecido que, de existir alguno de los tres anteriores pronunciamientos, este deberá anotarse en el Registro Civil donde constará inscrito en el apartado correspondiente.

Si, tal y como se establece por ley, debe inscribirse en el Registro Civil todo matrimonio celebrado entre dos personas, también es lógico que, una vez decretada la nulidad, separación o divorcio de los esposos, deba anotarse esta circunstancia también. Y ello en cuanto a la importancia que comportará el nuevo estado civil de los contrayentes (antes casados; ahora solteros o separados).

El juez que hubiere dictado la sentencia por propia iniciativa mandará inscribir en el Registro Civil cualquiera de los tres pronunciamientos, descargando a los propios esposos el tener que formalizar los correspondientes trámites.

Medidas provisionales previas o simultáneas a la demanda

En ocasiones, la interposición de una demanda de separación, divorcio o nulidad matrimonial no es sino la lógica consecuencia de un escenario insoportable o, simplemente, inadecuado o perjudicial para uno de los cónyuges o para los hijos: las «medidas provisionales» pretenden atajar, aunque sea de forma no definitiva y hasta que recaiga una sentencia sobre el fondo del asunto, dichas situaciones.

Medidas provisionales previas a la demanda

En ocasiones las relaciones matrimoniales están tan deterioradas que requieren soluciones urgentes que las regulen. En estos casos, la respuesta legal no puede esperar a un pronunciamiento judicial que se pueda demorar en el tiempo, sino que exigirá una resolución rápida y efectiva.

Para conseguirla, el legislador prevé la posibilidad de que la parte que así lo considere oportuno solicite las denominadas medidas provisionales previas a la demanda, cuya finalidad será proporcionar una solución urgente al esposo que las precise.

Se deberán solicitar ante el juez en supuestos de situaciones graves y forzosas, exigiéndose como criterio general para que sean adoptadas cuando sea preciso, a fin de evitar un perjuicio irreparable para el cónyuge o los hijos.

Dichas medidas se solicitarán con anterioridad a la interposición de la demanda de separación, divorcio o nulidad matrimonial; pero su efectividad viene condicionada a que, en el plazo de treinta días, la parte que ha instado estas medidas provisionales interponga la oportuna demanda de separación, divorcio o nulidad. En el caso de que no lo hiciere, quedarán sin efecto las medidas previas que se hubieren adoptado.

Cualquiera de los cónyuges puede acudir ante la autoridad judicial, sin necesidad de hallarse asistido de procurador y abogado, y solicitar que se adopten las medidas o soluciones que estamos estudiando, debiendo hacer mención a la situación de urgencia en la que se encuentra y aportando las pruebas que posea y acrediten tal situación de necesidad. A partir de

MEDIDAS PROVISIONALES PREVIAS A LA DEMANDA

este momento cualquier cónyuge ya precisará para los próximos trámites la asistencia de abogado y procurador.

Recibida la petición por el juzgado, se le comunicará al otro cónyuge la solicitud de medidas formulada por la parte adversa, permitiéndole que a su vez realice las alegaciones que condene oportunas. Finalmente, el juez resolverá fijando, de considerarlo conveniente, las medidas provisionales que crea necesarias. Dicha resolución no será recurrible.

Como su propio nombre indica, las medidas provisionales no tienen un carácter definitivo, sino que tienen como objetivo regular una situación transitoria a la espera de que el juez competente dicte sentencia acordando la separación, el divorcio o la nulidad y determinando a su vez en su resolución los efectos definitivos que regirán las relaciones familiares.

Medidas provisionales derivadas de la admisión de la demanda de nulidad, separación o divorcio

Estas medidas provisionales, también denominadas coetáneas, son aquellas que se pueden instar en el mismo momento en que se interpone la demanda de separación, divorcio o nulidad. También podrá solicitarlas el cónyuge demandado cuando no hubieren sido peticionadas por el esposo que interpuso la demanda. Por último, la ley prevé que si ambos cónyuges han llegado a un acuerdo sobre una solución temporal y provisional sobre los efectos derivados de la crisis de su matrimonio pero no sobre la pautas definitivas de la misma, ambos cónyuges podrán someter a la aprobación del juzgado el acuerdo provisional que hubieran llegado sobre tales cuestiones, continuando el pleito en busca de una solución definitiva. Se ha de tener presente que dicho acuerdo provisional no será vinculante para las pretensiones respectivas de las partes durante el resto del proceso ni para la decisión que pueda adoptar el tribunal en lo que respecta a las medidas definitivas.

Las medidas provisionales regulan los efectos derivados de la ruptura matrimonial mientras no existan medidas definitivas.

Las medidas provisionales presuponen una situación de conflicto entre los esposos que comporta la tramitación de un procedimiento matrimonial de tipo contencioso (donde no existe acuerdo entre los cónyuges en cuanto al modo de solucionar la crisis matrimonial en la que se encuentran).

En consecuencia, no cabe solicitar tales medidas provisionales en los procedimientos de separación o divorcio tramitados de común acuerdo; por cuanto necesariamente en ellos los contrayentes ya habrán pactado todas las pautas que regirán la nueva situación generada tras la ruptura matrimonial, no habrá discusión alguna.

A pesar de que a raíz de la crisis matrimonial no se haya generado una situación tan grave que precise la adopción de medidas provisionales previas a la demanda, será aconsejable instalarlas junto a la demanda que inicie un procedimiento judicial de nulidad matrimonial, separación o divorcio.

Tal conveniencia se halla justificada por la necesidad de establecer unas pautas que regulen las relaciones entre los esposos e hijos, durante el periodo de tiempo que mediará entre el inicio de cualquiera de los citados procedimientos judiciales y su resolución.

Hemos de pensar que son varios los trámites que hay que cumplimentar en todo proceso matrimonial, lo cual comportará que hayan transcurrido algunos meses hasta que obtengamos la perseguida sentencia que finalmente resuelva; la cual, en aras a la seguridad jurídica, a su vez podrá ser recurrida por las partes ante una instancia judicial superior, lo que acarreará una nueva espera.

Al igual que ocurrirá con las medidas provisionales previas a la demanda, las coetáneas a la misma tendrán un carácter temporal limitado en el tiempo hasta el momento que exista sentencia firme que fije los efectos, los cuales regularán definitivamente la nueva situación.

El juzgado, al dictar su sentencia, no se hallará vinculado o limitado por el sentido en que se pronunció al dictar las medidas provisionales o provisionalísimas. Las medidas definitivas podrán ser idénticas u opuestas a las provisionales.

Instadas las medidas provisionales por uno de los cónyuges, el juez citará a los esposos a una comparecencia, que se desarrollará en los mismos términos previstos para las medidas solicitadas previas a la demanda (véase el apartado anterior).

Una vez realizada la citada comparecencia y practicadas las pruebas que el juez ha considerado procedentes, este dictará resolución judicial fi-

MEDIDAS PROVISIONALES DERIVADAS DE LA ADMISIÓN DE LA DEMANDA A TRÁMITE

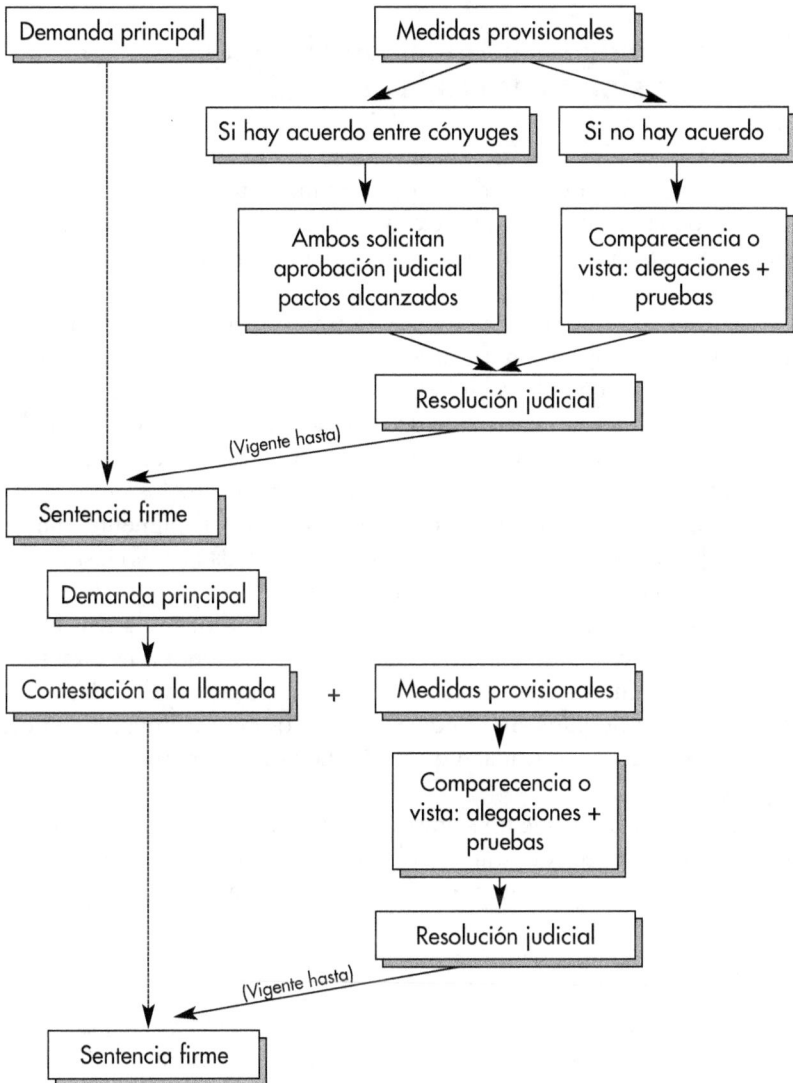

```
┌─────────────────────┐        ┌─────────────────────────┐
│  Demanda principal  │        │  Medidas provisionales  │
└─────────────────────┘        └─────────────────────────┘
                                  ↙                 ↘
                 ┌────────────────────────────┐  ┌──────────────────────┐
                 │ Si hay acuerdo entre cónyuges│ │   Si no hay acuerdo  │
                 └────────────────────────────┘  └──────────────────────┘
                             ↓                            ↓
                 ┌───────────────────┐        ┌──────────────────────┐
                 │  Ambos solicitan  │        │   Comparecencia o    │
                 │ aprobación judicial│       │ vista: alegaciones + │
                 │  pactos alcanzados │       │       pruebas        │
                 └───────────────────┘        └──────────────────────┘
                             ↘                  ↙
                         ┌──────────────────────────┐
                         │    Resolución judicial   │
                         └──────────────────────────┘
                 (Vigente hasta)  ↙
┌──────────────────────┐
│   Sentencia firme    │
└──────────────────────┘

┌──────────────────────┐
│  Demanda principal   │
└──────────────────────┘
            ↓
┌──────────────────────────┐     ┌─────────────────────────┐
│ Contestación a la llamada│  +  │  Medidas provisionales  │
└──────────────────────────┘     └─────────────────────────┘
                                            ↓
                                 ┌──────────────────────┐
                                 │   Comparecencia o    │
                                 │ vista: alegaciones + │
                                 │       pruebas        │
                                 └──────────────────────┘
                                            ↓
                                 ┌──────────────────────┐
                                 │  Resolución judicial │
                                 └──────────────────────┘
                 (Vigente hasta)  ↙
┌──────────────────────┐
│   Sentencia firme    │
└──────────────────────┘
```

25

jando las medidas provisionales que considere oportunas. Dicho pronunciamiento no será recurrible.

Contenido de las medidas provisionales previas o simultáneas a la demanda

Tanto las medidas provisionalísimas o previas como las provisionales o coetáneas estarán destinadas a regular de modo temporal o transitorio los efectos de la separación, divorcio o nulidad. Es decir, regularán los mismos aspectos sobre los cuales se pronunciará el juez en su sentencia mientras esta no sea firme.

Así pues, las anteriores medidas versarán principalmente sobre cuál de los esposos convivirá con los hijos (guarda y custodia); uso del domicilio conyugal; sobre cuándo podrá el progenitor, que no conviva con los menores, permanecer en compañía de los niños (régimen de visitas); sobre la aportación económica que deberá este último progenitor satisfacer al otro cónyuge como forma de contribución a los gastos que los niños comporten (alimentos de los hijos), pudiéndose establecer igualmente una cantidad a abonar por el cónyuge con mayores recursos al más desfavorecido económicamente (pensión compensatoria).

También puede solicitarse la adopción de medidas relativas al reparto entre los esposos del ajuar doméstico u otras tendentes a evitar que la masa patrimonial de los esposos sea traspasada (vendida, donada, etc.) por uno de ellos sin el consentimiento o conocimiento del otro y en perjuicio de los mismos, u otras que nos parezcan oportunas en cada momento.

Debemos aclarar que no siempre las medidas acordadas, provisional o definitivamente, se referirán a todos y cada uno de los aspectos relacionados. Tendremos que atender a la situación concreta en la que nos hallemos.

No es el objetivo de este capítulo tratar con detalle el contenido de todas y cada una de las medidas adoptadas como previas o coetáneas, por cuanto al ser las mismas cuestiones que se regularán en sentencia como medidas definitivas, todas ellas se estudiarán en el capítulo «Los efectos derivados de las sentencias de separación, divorcio o nulidad».

La separación

La separación declarada judicialmente supone el cese de la obligación legal de convivencia, pero sin que se extinga el matrimonio. Puede ser solicitada por ambos cónyuges o por uno solo de ellos y, en cualquier caso, puede ser dejada sin efecto como consecuencia de la reconciliación de los interesados formalmente declarada. La separación de hecho sólo tiene efectos entre los componentes del matrimonio.

La separación de los esposos puede obedecer a una situación meramente de hecho o, por el contrario, ser el resultado de una resolución judicial. Si un matrimonio está atravesando dificultades, los esposos pueden acordar separarse temporal o definitivamente sin solicitar el reconocimiento jurídico de dicho distanciamiento, o por el contrario, optar por iniciar un proceso judicial para obtener una sentencia que establezca su separación y los efectos de la misma.

Esta doble posibilidad de separación (de hecho y judicial) comporta una diferencia sustancial con el divorcio, el cual, como veremos, únicamente se puede obtener judicialmente.

Hasta la modificación del Código Civil de julio de 2005, en la gran mayoría de supuestos, era preciso que los esposos obtuvieran una sentencia de separación como paso previo al divorcio. Actualmente los esposos pueden acceder directamente al divorcio sin la necesidad de instar una separación judicial previa, lo que les evita tener que tramitar dos procedimientos para obtener la disolución del matrimonio, con el importante ahorro de costes emocionales, económicos y de tiempo. De hecho, la nueva regulación ha comportado que la antes tan empleada institución de la separación judicial empiece a poseer un carácter residual, empleándose mayoritariamente el divorcio como vía para solucionar las crisis de pareja.

La separación judicial

Existen dos vías claramente diferenciadas para obtener la separación judicial: la separación de mutuo acuerdo y la separación contenciosa. En ambos supuestos el resultado final será el mismo: el juzgado competente dictará una sentencia que regulará, en su caso, la separación de los esposos y sus efectos, mas los trámites a cumplimentar en cada uno de los dos procedimientos serán diversos.

La separación no rompe el vínculo matrimonial. Toda sentencia de separación producirá la suspensión de la vida en común de los casados, pese a que lo seguirán siendo, y cesará la obligación de convivencia conjunta. El vínculo matrimonial no se rompe, y por tanto ninguno de los esposos podrá contraer un nuevo matrimonio con una tercera persona.

La separación de mutuo acuerdo

PRESUPUESTOS

Como su propio nombre indica, se basa en el presupuesto de que las partes implicadas están de acuerdo, tanto en separarse como en todos los efectos que regirán dicha separación. El procedimiento será el mismo que se aplicará, como veremos más adelante, en la tramitación del divorcio de mutuo acuerdo.

En el caso de que, tras realizarse las negociaciones oportunas, no existiera un acuerdo global entre los esposos sobre todos los efectos que regirán su nueva situación, deberemos recurrir necesariamente a la separación contenciosa donde se discutirán aquellos extremos sobre los que no exista pacto.

En el proceso de mutuo acuerdo ambos cónyuges están de acuerdo en separarse o divorciarse y en todos los efectos derivados de esta decisión.

La ley determina cuáles serán los extremos respecto a los que deberá coincidir la voluntad de las partes a fin de que se pueda acceder a la separación de mutuo acuerdo también denominada consensual.

Estos extremos serán aquellos efectos sobre los que se debe pronunciar toda sentencia a los que hemos aludido en la fase introductoria de este libro (véase «Marco legal y conceptos básicos») y que serán estudiados detenidamente en el capítulo «Los efectos derivados de las sentencias de separación, divorcio o nulidad». No obstante volveremos a señalarlos a título de recordatorio. Los esposos deberán estar de acuerdo en relación con:

— qué progenitor se hará cargo del cuidado diario de los hijos sujetos a patria potestad (que ostentará la denominada guarda y custodia de los mismos) y cuál será el régimen de visitas del que gozará el padre que no resida con los niños;
— a cuál de los esposos se atribuirá el uso de la vivienda y bienes familiares;
— cuál será la contribución que el esposo que no conviva con los hijos deberá satisfacer al otro en concepto de alimentos en favor de los mismos;
— en qué términos se hará la liquidación, cuando proceda, del régimen económico-matrimonial;
— la cuantía que en concepto de pensión compensatoria, en su caso, corresponda abonar a uno de los cónyuges en favor del otro.

Para poder optar por la separación consensual, deberán haber transcurrido tres meses desde que los esposos contrajeron matrimonio.

PROCEDIMIENTO

Tanto para obtener una separación como un divorcio por vía del mutuo acuerdo, el procedimiento legalmente establecido es el mismo.

Los acuerdos alcanzados entre las partes se plasmarán en un documento que se denominará convenio regulador, el cual firmarán ambas partes como requisito previo al inicio del procedimiento judicial.

Llegados a este punto, ambos cónyuges o uno de ellos con el consentimiento del otro, asistidos de un abogado y un procurador, presentarán un escrito de demanda ante los juzgados competentes en el que se solicitará la separación de los esposos, interesando que sean aprobados los pactos alcanzados previamente entre los mismos y recogidos en el convenio regulador.

Deberá acompañarse a la mencionada demanda, junto a certificaciones de la inscripción del matrimonio y, en su caso, del nacimiento de los hijos en el correspondiente Registro Civil, el convenio al que hemos hecho referencia en el párrafo anterior.

A continuación, el juzgado requerirá a las partes para que, compareciendo las mismas en sus dependencias, procedan a ratificar por separado la petición de separación o divorcio efectuada. A cada uno de los esposos se le presentará el convenio suscrito en su día y se le preguntará si se reafirma en su contenido.

La exigencia del trámite que estamos analizando se basa en el interés del legislador en garantizar que el convenio matrimonial presentado ante el juzgado obedezca a la libre y verdadera voluntad de los esposos, alcanzada tras la oportuna reflexión, sin que medie para su obtención fuerza, violencia o presión alguna sobre ninguno de los casados.

En el supuesto de que alguno o ambos esposos no ratificasen el convenio regulador, no podría tramitarse la separación o el divorcio por la vía del mutuo acuerdo, dicho procedimiento se archivaría, y deberíamos iniciar un procedimiento contencioso a fin de obtener la pretendida separación.

Una vez ratificado el convenio, el juez verificará que las partes hayan aportado toda la documentación precisa para la tramitación de la separación o el divorcio. En el caso de que esta estuviera incompleta, se concederá un plazo a las partes para que la completen.

Tras ello, si el matrimonio tuviere hijos menores de edad o incapacitados, el juzgado pondrá las actuaciones practicadas en conocimiento del ministerio fiscal con la finalidad de que este se manifieste sobre si considera convenientemente protegidos los derechos de tales hijos menores o incapacitados, a tenor de los acuerdos alcanzados por los padres en el convenio regulador.

En derecho matrimonial, siempre que en el momento de la petición de separación, divorcio o nulidad existan hijos menores de edad o incapacitados, fruto de la unión conyugal entre los esposos, intervendrá el ministerio fiscal, cuya misión será en todo momento velar por la defensa de los intereses de los mencionados hijos.

Si dichos hijos tuvieren suficiente juicio o fueren mayores de doce años, el juzgador oirá a tales menores.

Finalmente, el juez dictará sentencia.

En el supuesto de que el fallo concediese la separación o el divorcio pero no aprobase en algún punto el convenio regulador, se concederá la oportunidad a las partes para que, en el plazo de diez días, propongan un nuevo convenio en lo relativo al mencionado punto, tras lo cual el juzgado resolverá definitivamente.

La resolución judicial que difiera de lo peticionado por los cónyuges podrá ser recurrida por estos. Si por el contrario dicha resolución aprueba lo solicitado por los esposos, sólo podrá recurrirla el ministerio fiscal en interés de los hijos menores.

Hasta aquí hemos expuesto concisamente el procedimiento legalmente previsto para la obtención de una sentencia de separación o divorcio de mutuo acuerdo. Puede parecer en una rápida lectura que es un proceso largo y farragoso, pero en la práctica se nos aparece como una solución rápida y sencilla.

En el convenio los interesados determinan los efectos de la separación o el divorcio y lo presentan ante el juez para que lo apruebe.

En la mayoría de los casos, el procedimiento se reduce a la presentación de la demanda, junto a un convenio suscrito por los esposos, que una vez ratificado por ambos y visado por el ministerio fiscal (si hay hijos menores o incapacitados) acabará con una sentencia que recogerá las pretensiones sostenidas por ambos cónyuges. Aunque la ley prevé la posibilidad de que se realicen durante la tramitación del procedimiento de mutuo acuerdo otros trámites (aportar documentación que ha sido presentada de modo incompleto, proceder a la modificación del convenio regulador durante el proceso, etc.), en la práctica diaria estos no suelen plantearse.

31

PROCEDIMIENTO MATRIMONIAL DE SEPARACIÓN O DIVORCIO
DE MUTUO ACUERDO
TRÁMITES ESENCIALES EN LA TRAMITACIÓN

```
                    ┌─────────────────────────┐
                    │        DEMANDA          │
                    │ Deberá incluir propuesta│
                    │  de convenio regulador  │
                    └─────────────────────────┘
                              │
                    ┌─────────────────────────┐
                    │     RATIFICACIÓN        │
                    │      del convenio       │
                    └─────────────────────────┘
```

DEMANDA
Deberá incluir propuesta de convenio regulador

RATIFICACIÓN del convenio

Si existen hijos menores o discapacitados

Si la documentación fuera insuficiente

Se concede audiencia al ministerio fiscal

10 días para aportarla y/o probar alegaciones

Serán oídos si fueren mayores de 12 años o tuvieren suficiente juicio

SENTENCIA

Si la sentencia no aprobase algún extremo del convenio

Las partes podrán proponer nuevo redactado del extremo no aprobado

Sólo cabe:
• Interpuesta por el ministerio fiscal
• Si la sentencia no aprueba la totalidad del convenio

RESOLUCIÓN del juez

RECURSO de apelación

SENTENCIA

La separación contenciosa

Según la legislación vigente hasta el 10 de junio de 2005, para obtener la separación vía contenciosa era obligatorio alegar y probar una causa de las legalmente previstas (abandono injustificado del hogar, infidelidad conyugal, violación grave y reiterada de los deberes conyugales o respecto a los hijos, condena de prisión a más de seis años, alcoholismo, toxicomanía, cese efectivo de la convivencia durante determinados plazos, etc.). Pese a ello, en los últimos tiempos se había tendido a una interpretación amplia de la causa referente a los deberes y discrepancias entre los esposos y, de hecho, se había alcanzado una situación próxima a que la simple voluntad de uno de los cónyuges de separarse motivaba que se dictara sentencia reconociendo dicha separación.

Con la nueva legislación, se suprime la necesidad de alegar causa alguna para obtener la separación o el divorcio, bastando para ello únicamente y por lo general el requisito formal de que mediaren tres meses desde la celebración del matrimonio.

PROCEDIMIENTO CONTENCIOSO

Al igual que ocurre con el procedimiento de mutuo acuerdo, el procedimiento contencioso de separación es el mismo previsto para la obtención del divorcio. Por este motivo nos referiremos conjuntamente tanto a la separación como al divorcio contencioso.

Antes de comentar cada uno de los pasos que deberemos seguir durante la tramitación del procedimiento contencioso, debe quedarnos claro que, en cualquier momento previo a que en dicho proceso se dicte la sentencia, los esposos podrán llegar a un acuerdo en los términos que hayan sido exigidos en el procedimiento de mutuo acuerdo. En estos casos, se solicitará al juzgado que tramite la separación o el divorcio contencioso que suspenda la consecución de dicho procedimiento para pasar a tramitar esa misma separación o divorcio por la vía del mutuo acuerdo. A este efecto, los esposos aportarán un convenio regulador, el cual, una vez ratificado a presencia judicial, de no ser el inadecuado, será aprobado judicialmente, decretándose la separación o el divorcio solicitados.

Entremos ahora a estudiar las diferentes fases del procedimiento contencioso. La tramitación de todo proceso matrimonial de separación o divorcio por la vía contenciosa se iniciará mediante un escrito de demanda que interpondrá el cónyuge, cuya voluntad será la de obtener la mencionada separación o divorcio, siempre convenientemente asistido de letrado y procurador.

La persona que iniciará la reclamación judicial se denominará demandante o actor, mientras que el cónyuge contra el que se dirigirá la demanda responderá al nombre de demandado.

En dicho escrito de demanda, tras especificarse los datos del actor y demandado (datos de ambos cónyuges), se detallará la pretensión sostenida por el demandante (es decir, la voluntad de obtener la separación o el divorcio), se expondrán los hechos que se consideren pertinentes y los pronunciamientos o efectos que quien promueve el procedimiento espera que contemple la resolución judicial.

Para facilitar la comprensión de la estructura de una demanda u otros escritos dirigidos al juzgado, el lector puede acudir al capítulo del apéndice «Modelos de escritos judiciales» donde se exponen varios ejemplos.

El juzgado, una vez recibida la demanda, la comunicará al cónyuge demandado, concediéndole un plazo de veinte días para que este comparezca ante el citado juzgado, aportando a la demanda el escrito de contestación, también denominado de oposición.

Igualmente pondrá en conocimiento del ministerio fiscal la existencia del procedimiento iniciado, si los esposos tuvieren hijos menores o incapacitados en el momento de separarse o divorciarse.

Ambos esposos estarán asistidos por abogado y procurador pero, a diferencia de lo que ocurre en el procedimiento de separación o divorcio de mutuo acuerdo, de hallarnos en un procedimiento contencioso, ambas partes no podrán resultar asistidas por un mismo letrado y procurador, sino que precisarán cada una de ellas de la asistencia de dos profesionales que serán personas diferentes de los que representen y defiendan a la parte contraria.

En el escrito de contestación a la demanda, el demandado deberá rebatir las alegaciones formuladas por el otro cónyuge (actor) al iniciar el procedimiento judicial.

En este escrito de contestación a la demanda, el demandante no verá sin embargo su papel reducido a la posibilidad de negar las alegaciones efectuadas por la parte contraria. A través del mecanismo de la llamada reconvención, podrá introducir nuevos extremos o peticiones, cuando estos pudieran ser objeto de ese procedimiento matrimonial, y siempre que el juzgador no deba pronunciarse de oficio.

En el supuesto de que el demandante formulase reconvención en el momento de contestar la demanda, para no dejar en una situación de indefensión al actor o la actora, a este se le dará traslado de los nuevos extremos planteados en el procedimiento para que, en el plazo de diez días, pueda formular a su vez las consideraciones que estime convenientes en relación con los nuevos aspectos planteados en la reconvención.

Un ejemplo servirá para aclarar el concepto de reconvención. Supongamos que el señor A insta demanda solicitando la separación de la señora B y solicita como único efecto de la misma que se le conceda el uso del domicilio familiar. La señora B podrá consentir la separación, mas se podrá oponer a que el uso del citado domicilio sea otorgado al señor A, solicitando además que este último le abone una cantidad mensual en concepto de pensión compensatoria. En este caso, la señora B no sólo se estará oponiendo a la demanda sino que además, al solicitar que se le abone una pensión compensatoria (pretensión nueva introducida en el pleito), estará formulando una reconvención.

Contestada la demanda, y en su caso la reconvención, el juzgado citará a las partes a una vista para realizar en su presencia. En ella concurrirán los esposos, junto a sus abogados y procuradores, y propondrán las pruebas en que cada uno de ellos intente basar sus pretensiones, a continuación se practicarán las mismas. Si alguna de las pruebas no pudiere llevarse a cabo en ese acto, podrán practicarse en el plazo que el juez señale, el cual nunca superará los treinta días. El juez también podrá interesar de oficio las pruebas que considere necesarias para poder determinar las medidas que afecten a los hijos menores o incapacitados. A estos se les oirá si tuvieren suficiente juicio y, en todo caso, si fueren mayores de doce años.

Oír a los hijos no supone que la opinión de los mismos deba plasmarse en la sentencia. Ellos no deciden, lo hace el juez. Simplemente la ley obliga a que la opinión de aquellos hijos sea conocida y valorada por el juzgador, quien no se verá obligado a resolver conforme a la misma, sino de acuerdo con el conjunto de la prueba practicada, incluso si es opuesta a la voluntad del menor o incapacitado.

Cabe proponer en los procesos matrimoniales todas aquellas pruebas admitidas en derecho. Generalmente en los pleitos de temática matrimonial, las partes recurrirán a pruebas consistentes en aportar al juzgado cuanta documentación se posea que resulte de interés (prueba documental); someter a varias preguntas a la parte contraria para que reconozca determinados hechos (interrogatorio de la parte contraria); preguntar a testigos que puedan verificar alguna de las pretensiones requeridas (interrogatorio de testigos); solicitar al juez la posibilidad de dialogar con el hijo menor, incluso si no alcanza los doce años (exploración del menor) e incluso, de ser preciso, recurrir a la intervención de peritos para que emitan, por ejemplo, un informe psicosocial relativo al menor y a su núcleo familiar (dictamen de peritos).

Igualmente se podrá solicitar al juzgado que reclame una información relevante para aclarar lo discutido en el proceso (a la que la parte que la pretende no ha tenido acceso) a aquella persona, entidad u organismo que pueda facilitarla (prueba también documental). Por ejemplo: requerir a la empresa donde trabaja el cónyuge contrario para que informe al juzgado de la cuantía que cobra mensualmente en concepto de salario.

Una vez agotada la fase probatoria, el juez dictará sentencia. En ella, el juez se pronunciará sobre todas las cuestiones que, planteadas durante la tramitación del pleito, hayan resultado controvertidas entre las partes.

La resolución del juez deberá hallarse fundamentada, explicando el juez los motivos que le han llevado a resolver en determinado sentido, en los procedimientos matrimoniales estudiados, la sentencia de la separación o el divorcio de los esposos y expondrá los efectos que regirán la nueva situación familiar surgida a consecuencia de tal pronunciamiento.

De no hallarse conforme una o ambas partes con la totalidad o parte de la sentencia pronunciada por el juez, aquella parte disconforme podrá recurrirla (recurso de apelación), con la finalidad de que las actuaciones practicadas sean revisadas por una instancia judicial superior, la cual emitirá nuevo pronunciamiento al respecto.

La interposición de recurso no suspenderá la eficacia de las medidas acordadas por el primer juez, es decir, estas deberán cumplirse hasta que

PROCEDIMIENTO MATRIMONIAL DE SEPARACIÓN O DIVORCIO CONTENCIOSOS
TRÁMITES ESENCIALES EN LA TRAMITACIÓN

Pueden haberse acordado medidas provisionales previas a la demanda

DEMANDA

Pueden solicitarse medidas provisionales simultáneas

CONTESTACIÓN de la demanda

El demandado podrá plantear RECONVENCIÓN

CONTESTACIÓN a la RECONVENCIÓN por el demandante

VISTA: proposición y práctica de las pruebas (plazo máximo de 30 días)

Los hijos serán oídos si fueren mayores de 12 años o tuvieren suficiente juicio

SENTENCIA

RECURSO de apelación

SENTENCIA

exista nuevo pronunciamiento del tribunal superior. Si la impugnación afectara sólo al pronunciamiento sobre medidas, se declarará la firmeza del pronunciamiento sobre la separación o divorcio.

Si los esposos no se ponen de acuerdo, el procedimiento será contencioso y será el juez quien decida.

La sentencia que dicte este tribunal superior, denominado Audiencia Provincial, podrá coincidir o ser diferente a la inicialmente dictada y será en todo caso definitiva, sin que ninguno de los esposos pueda interponer un nuevo recurso contra esta segunda resolución.

La reconciliación

Puede ocurrir que durante la tramitación del procedimiento de separación o una vez ya separados, los esposos decidan darse una nueva oportunidad y reiniciar la convivencia.

En el caso de que así suceda, los esposos pueden comunicar tal decisión al juzgado, el cual dejará sin efecto las resoluciones que al respecto haya dictado. Para que la reconciliación despliegue sus efectos, ambos cónyuges separadamente deberán poner su voluntad en conocimiento del juez que entienda o haya entendido del litigio.

Es decir, si en el procedimiento matrimonial se hubieren dictado medidas provisionales, hallándose el mismo pendiente de sentencia, quedarán sin efecto y se pondrá fin al mencionado proceso. Si por el contrario ya se ha dictado sentencia, el juez, al tener conocimiento de la reconciliación, dejará sin efecto las disposiciones contenidas en la misma.

No obstante, de considerarlo oportuno, el juez podrá mantener o modificar las medidas acordadas con relación a los hijos, cuando exista causa que lo justifique y en aras a la protección de los mismos.

Si con el transcurso del tiempo entre los cónyuges surgiera una nueva crisis matrimonial, deberán iniciar un nuevo proceso de separación judicial.

Será preciso también diferenciar entre la reconciliación alcanzada por los esposos durante o después de la tramitación del procedimiento de separación y la reconciliación acaecida con posterioridad a la sentencia de divorcio o nulidad. Los efectos de tal reconciliación serán diversos en ambos casos.

En el supuesto de que se haya decretado el divorcio o la nulidad de un matrimonio, la reconciliación de los cónyuges no puede rehabilitar el vínculo matrimonial previo. El motivo de ello debe encontrarse en que, a diferencia de lo que ocurre con la separación judicial, el divorcio provoca necesariamente la disolución irrevocable de la unión matrimonial, y la nulidad reconoce la existencia de una causa que invalida desde su inicio el matrimonio contraído, el cual se considerará inexistente.

En todo caso, una vez los esposos estén divorciados, de reconciliarse, podrán contraer entre ellos nuevo matrimonio. También podrán contraer nuevas nupcias entre sí los esposos cuyo matrimonio sea declarado nulo (si ya no se produjere la circunstancia que motivó dicha nulidad).

La reconciliación en sentido legal sólo cabe tras la separación, nunca después del divorcio.

Por el contrario, los esposos que se han separado no podrán contraer nuevo matrimonio toda vez que, aunque separados, todavía están casados.

La separación de hecho

Una vez roto el vínculo sentimental entre los esposos, estos pueden acordar entre ellos separarse sin sentir la necesidad de que la nueva situación sea reconocida por autoridad judicial alguna.

Estaríamos ante la denominada separación de hecho, es decir, aquel cese de la convivencia conyugal que sea impuesto por la realidad cotidiana, pero no reconocido por autoridad judicial alguna. No cabe el divorcio de hecho, el divorcio sólo existirá si hay un pronunciamiento judicial que así lo proclama.

Tras toda ruptura matrimonial, la familia sufre una desestructuración y nace una nueva situación que precisará, en mayor o menor medida, de unas mínimas pautas de organización o regulación. Dichas medidas pueden ser adoptadas verbalmente por los esposos e ir adaptándolas a la situación concreta, o plasmarlas por escrito, sin presentarlas ante el juzgado. A tal fin, en la práctica, suele redactarse un documento a semejanza de lo que sería un convenio de separación de mutuo acuerdo, en el que se establecen las decisiones y obligaciones alcanzadas por los esposos, pudiendo otorgarse dicho documento incluso a presencia notarial.

La separación de hecho es el mero cese efectivo de la convivencia conyugal.

Es preferible que quede documentada la intención de separarse ya que, de lo contrario, uno de los cónyuges se podría plantear una denuncia contra el cónyuge que se ha marchado del hogar por abandono de la familia.

El divorcio

El divorcio extingue el matrimonio y, a partir de la reforma del año 2005, para obtenerlo sólo se exige que el vínculo haya sido contraído tres meses antes. Puede ser tramitado por ambos cónyuges de mutuo acuerdo o por uno solo de ellos.

El divorcio comporta la disolución del vínculo matrimonial.

El divorcio únicamente existirá si ha sido declarado como tal judicialmente. No cabe un divorcio de hecho. La disolución del vínculo matrimonial por divorcio a la que nos hemos referido sólo se producirá por expreso pronunciamiento judicial. Una vez divorciados los esposos, estos dejarán de ser considerados como tal y serán libres para contraer nuevas nupcias con cualquier persona. Podrán incluso volver a casarse entre ellos si, con posterioridad a su divorcio, se reconciliasen.

Como ya se ha indicado, para obtener el divorcio, al igual que la separación, basta que los esposos lleven casados tres meses. No se exigirá dicho plazo cuando se acredite la existencia de un riesgo para la vida, integridad física o moral, la libertad o la indemnidad sexual del cónyuge demandante o de los hijos comunes o de uno de ellos.

Hasta la entrada en vigor de la actual normativa, en julio de 2005, para conseguir el divorcio los esposos debían obtener previamente su separación judicial, salvo que concurriera alguna causa de divorcio de las previstas por el legislador, que generalmente consistían en diversos periodos de separación de hecho previa, que no solían concurrir en la mayoría de los esposos. Era pues lo habitual recurrir primero a la separación y después al divorcio. Actualmente la tendencia es a la inversa. Atendido que los cónyuges pueden acudir a la separación o el divorcio reuniendo el único e idéntico requisito formal de llevar tres meses casados (con la excepción ya comentada), la institución mayormente empleada es el divorcio.

Todo matrimonio podrá optar al divorcio, con independencia de la forma, religiosa o civil, en que se haya celebrado el mismo. Si la pareja se casó según los credos de la iglesia católica, podrá obtener el divorcio y, una vez declarado el mismo, cada uno de sus miembros podrá contraer nuevo matrimonio con terceros, el cual no obstante sólo podrá celebrarse civilmente. Para que un divorciado pueda casarse de nuevo por la iglesia católica deberá obtener primero la nulidad canónica.

Divorcio de mutuo acuerdo/divorcio contencioso

El divorcio puede ser de mutuo acuerdo o contencioso.

Los procedimientos previstos legalmente para solicitar el divorcio de los esposos son los mismos que se han establecido para obtener la separación de los cónyuges. Por ello, a los cónyuges se les permitirá solicitar el divorcio de mutuo acuerdo o a través de un procedimiento contencioso.

Si optaren por la vía del mutuo acuerdo, ambos cónyuges deberán estar de acuerdo en su voluntad de divorciarse y en todos los efectos que se derivan del divorcio: básicamente en lo relativo a cuál de ellos ostentará la guarda y custodia de los hijos; cuál será el régimen de visitas en favor del progenitor que no conviva con los mismos; cuál será la contribución dineraria que efectuará este último para alimentar a sus hijos; quién convivirá en el domicilio familiar, fijándose también en su caso la cuantía que un esposo abonará al otro en concepto de pensión compensatoria y el modo en el que se liquidará el régimen económico-matrimonial. En el caso de discrepancia en alguna de las medidas, se deberá acudir al procedimiento contencioso. Para el estudio concreto de los procedimientos legalmente establecidos para la obtención de un divorcio de mutuo acuerdo o de uno contencioso, nos remitimos a los procesos ya detallados cuando se estudió la separación, ya que son los mismos (véase el capítulo anterior).

La nulidad

La declaración judicial de nulidad de un matrimonio es equivalente a decir que este no ha existido jamás, si bien la ley protege determinadas situaciones de hecho que hayan podido surgir como consecuencia del mismo.

Para contraer válidamente matrimonio deben concurrir en el momento de su celebración unos requisitos y unas formalidades esenciales que, de no cumplirse, provocarán que dicha unión sea nula.

Una vez decretada la nulidad de un matrimonio, con independencia del momento en que se produzca esta declaración, se entenderá que el mismo ha sido nulo desde el mismo momento en que los esposos se casaron. Esto es, a pesar de que hayan transcurrido muchos años desde que los esposos se casaron hasta que se declare la nulidad de su matrimonio, una vez se establezca se entenderá nulo desde su inicio.

Declarar un matrimonio nulo supone reconocer la inexistencia del mismo. A efectos legales, la nulidad de un enlace matrimonial comportará negar que haya existido en algún momento ese matrimonio. No obstante, como a continuación veremos, para no causar indefensión a las partes que pudieren resultar perjudicadas por el reconocimiento de tal nulidad (hijos y cónyuge de buena fe), el legislador reconocerá determinados efectos a ese matrimonio no válido.

Hoy en día la figura de la nulidad matrimonial ha caído bastante en desuso si la comparamos con la del divorcio. La razón de ello podemos hallarla en el hecho de que el fin perseguido con la nulidad (disolución del vínculo matrimonial con posibilidad de contraer nuevas nupcias) se obtiene también a través del divorcio, siendo la obtención de este más fácil para las partes, ya que mientras la nulidad sólo puede darse en unos supuestos concretos fijados por la ley, el divorcio no requiere alegar y probar causa o motivo alguno.

Por otro lado, debemos añadir que obtener la nulidad civil no implica la nulidad canónica. Es decir, si una pareja se casó según la forma establecida por la iglesia católica, sólo la nulidad canónica, tramitada y acordada por los organismos eclesiásticos, podrán suponer la disolución del matrimonio a la luz de tal iglesia.

La nulidad civil disuelve el matrimonio a efectos civiles pero no a efectos católicos. Obtenida la nulidad civil, los esposos implicados podrán volver a casarse civilmente pero no católicamente. Obtenida la nulidad canónica, para que tenga efectos civiles, deberá homologarse ante el juzgado civil competente.

Causas de nulidad

Las causas al amparo de las cuales un juez podrá decretar la nulidad están tasadas y son las siguientes:

— matrimonio celebrado sin consentimiento matrimonial;
— matrimonio celebrado entre las personas que no puedan contraerlo, por incapacidad o prohibición establecida por la ley, salvo que dicha imposibilidad haya sido dispensada;

La nulidad del matrimonio sólo cabe si concurre alguna de las causas establecidas por ley.

— matrimonio contraído sin la intervención del juez, alcalde o funcionario ante quien deba celebrarse, o sin la presencia de dos testigos;
— matrimonio celebrado por error en la identidad de la persona del otro contrayente o en aquellas cualidades personales que, por su entidad, hubieran sido determinantes de la presentación del consentimiento;
— matrimonio contraído por coacción o miedo grave.

Matrimonio celebrado sin consentimiento matrimonial

El consentimiento consciente y libre de los futuros esposos es indispensable para que nazca el vínculo matrimonial.

El matrimonio, además de todos los derechos y obligaciones que el mismo implica, deben ser aceptados y deseados por ambos contrayentes, debiéndose manifestar dicho interés a través del mencionado consentimiento.

Ello implicará que los matrimonios simulados (por ejemplo, el celebrado con objeto de conseguir la obtención de una determinada nacionalidad) sean nulos, al igual que lo serán aquellos en que exista, como mínimo por parte de uno de los contrayentes, incapacidad psíquica para consentir.

Matrimonio entre personas que no puedan contraerlo

Las causas de imposibilidad son la incapacidad o la prohibición establecidas por la ley, siempre y cuando los contrayentes no hayan sido dispensados de ellas.

En este punto nos estamos refiriendo a dos supuestos claramente diferenciados:

— aquellos en los que existirá una inhabilitación absoluta para contraer matrimonio por parte del contrayente que esté inmerso en dicha causa, con independencia de con quién desee casarse;
— aquellos en que la prohibición de contraer matrimonio se referirá exclusivamente en relación a las dos personas que lo pretenden, de modo que, si bien ambas no podrán casarse entre ellas, sí podrán hacerlo con terceras personas.

INHABILITACIÓN ABSOLUTA

Suele afectar a uno de los contrayentes. Los casos reglamentados por la ley son los siguientes:

— minoría de edad: como norma general, los menores de 18 años no emancipados no podrán contraer matrimonio válido;
— existencia de un vínculo matrimonial vigente.

Por lo que se refiere al primer caso, cabe hacer algunas matizaciones. Para empezar, si alguno de los contrayentes se hubiere casado sin tener esa edad, pero habiendo cumplido ya los catorce años, la nulidad de matrimonio en que hubiera incurrido podría ser dispensada (convalidada, perdonada, como si no hubiere existido) si, después de instar un procedimiento judicial al efecto, el juez así lo acordara.

La dispensa de esta causa de nulidad también podrán solicitarla al juez los mayores de 14 años, con anterioridad a la celebración del matrimonio. Si se les concediere tal dispensa, podrán casarse normalmente, y ese matrimonio adoptará plenos efectos jurídicos.

Sin embargo, en ningún caso podrán casarse los menores de catorce años.

Por lo que se refiere al segundo supuesto, la existencia de un matrimonio anterior no disuelto, es preciso tener en cuenta que el sistema matrimonial español es monogámico, lo cual significa que sólo permite que cada uno de los esposos esté casado con una sola persona en cada momento concreto. Será nulo el matrimonio contraído con una persona casada.

Ello no quiere decir, como es lógico, que un esposo tenga que estar siempre casado con la misma persona.

La disolución del vínculo matrimonial que provoca el divorcio o la nulidad comportará que, una vez haya sido declarado cualquier de ambos pronunciamientos, cada uno de los esposos podrá volver a contraer libremente nuevas nupcias con quien en ese momento desee. Así pues, sucesivamente, una persona podrá haber estado casada con varias, no siendo ello posible de forma simultánea.

Esta causa de nulidad no será nunca dispensada, queriendo ser el legislador muy estricto respecto a la misma.

Tanto es así que, si desobedeciendo la prohibición de contraer un segundo matrimonio, alguna persona lo hiciera, su conducta podrá ser considerada como delictiva (bigamia) e incluso podría ser penada de prisión (de seis meses a un año).

INHABILITACIÓN PARCIAL

La inhabilitación afecta a los dos contrayentes, si bien pueden contraer matrimonio con otras personas. Esta prohibición se aplica en los casos siguientes:

— parientes: no podrán contraer matrimonio entre sí los ascendientes y descendientes aunque lo sean por vínculo de adopción;
— los condenados como autores de la muerte dolosa del cónyuge de cualquiera de ellos.

En el primer caso, el juez competente podrá dispensar, de mediar justa causa y a instancia de parte, el impedimento existente entre tíos y tías respecto a sus sobrinas y sobrinos, mas nunca en los demás supuestos de parentesco.

En el segundo, deberá concurrir una serie de presupuestos en el momento que los contrayentes deseen unirse matrimonialmente: ambos deben haber sido condenados en sentencia firme (que no admite recurso) en calidad de autores o cómplices por la muerte dolosa (esto es, intencional, con voluntad de causarla) del cónyuge de cualquiera de ellos.

Dicha causa de nulidad es dispensable por el Ministerio de Justicia, igualmente con anterioridad o posterioridad a la celebración del matrimonio.

Matrimonio en el que no concurre ninguna autoridad

El legislador, para otorgar validez a un matrimonio, requiere la intervención de una autoridad (juez, alcalde o funcionario) y la presencia de dos testigos, considerándose nula la unión matrimonial que se haya celebrado sin guardar las antedichas formalidades.

A pesar de ello, la validez del matrimonio no quedará afectada por la incompetencia o falta de nombramiento de la autoridad que lo autorice, siempre que al menos uno de los cónyuges hubiera procedido de buena fe (desconociendo la falta de idoneidad del otorgante) y ambos esposos ejerzan sus funciones públicamente, es decir, actúen y se relacionen como marido y mujer.

En cuanto a la presencia de los testigos, únicamente podremos celebrar válidamente un matrimonio sin su asistencia en el supuesto que, como mínimo, uno de los esposos se halle en peligro de muerte y se pueda acreditar la imposibilidad de la asistencia de dos testigos mayores de edad.

Además, en dichos supuestos de urgencia, también podrán casar, respecto los militares en campaña, el oficial o jefe superior inmediato y, respecto a los matrimonios que se celebren en nave o aeronave, el capitán o comandante de la misma.

Matrimonio por error

Esta causa de nulidad puede sorprendernos inicialmente, pero nos estamos refiriendo a aquellos casos en que uno de los esposos desconoce, en el momento de contraer matrimonio, un dato relevante relativo a la persona de su pareja, el cual, de haberse advertido con anterioridad, le hubiere condicionado de tal forma que no se habría casado.

Tales errores en las cualidades personales del cónyuge deberían ser graves y provocados intencionadamente por el otro cónyuge o una tercera persona, los cuales conscientemente habrán omitido facilitar una determinada información sobre el contrayente o la han falseado.

Aunque deberemos atender al caso en concreto, podríamos incluir, por ejemplo, aquellos supuestos en que en el momento del matrimonio uno de los esposos desconocía que el otro había sido condenado por cometer algún delito grave, que el mismo era alcohólico o drogadicto, o incluso también que había tenido hijos de otras relaciones sentimentales.

Matrimonio contraído por coacción o miedo grave

Se contempla en esta ocasión la nulidad de aquel matrimonio que ha sido aceptado por uno de los esposos por haberse ejercido sobre el mismo violencia, física o psíquica, grave (amenazas, intimidaciones, agresiones, etc.) que habrán comportado en dicho cónyuge tal grado de temor o miedo que le ha llevado a prestar su consentimiento matrimonial contra su voluntad.

Nos hallamos ante supuestos en que el consentimiento matrimonial no se ha prestado libremente por uno de los esposos.

Legitimación de las partes en un proceso de nulidad

Hasta aquí hemos estado examinando las causas al amparo de las cuales se puede solicitar y obtener la nulidad matrimonial.

A partir de estas líneas haremos mención de la legitimación o capacidad de determinadas personas para ser parte en un proceso de nulidad matrimonial.

Mientras en la separación o el divorcio las únicas personas legitimadas para solicitarlo serán exclusivamente cada uno de los cónyuges, en el supuesto de la nulidad matrimonial el legislador prevé con carácter general que pueda ser instada, además de por los propios cónyuges, por el ministerio fiscal u otras personas que en su caso puedan demostrar su interés legítimo y directo en que tal matrimonio sea declarado nulo (generalmente parientes de los esposos).

Ahora bien, esta norma general en ocasiones no será aplicable y la ley concretará en determinados supuestos quiénes podrán solicitar la nulidad.

De este modo, estarán legitimados únicamente para pedir la nulidad, en el caso de que se alegare la falta de edad de uno de los contrayentes y mientras el esposo continúe siendo menor de edad, los padres, tutores o guardadores del mismo y el ministerio fiscal. Cuando dicho esposo alcance la mayoría de edad, sólo él mismo podrá solicitar dicha nulidad, y ello salvo que los esposos hubieran convivido juntos durante un año después de alcanzados los dieciocho años.

Si la causa de nulidad alegada se basare en el error, coacción o miedo grave, únicamente podrá solicitar la nulidad el cónyuge que hubiera sufrido alguna de las anteriores circunstancias.

Ahora bien, en el caso de que los esposos hubieran convivido juntos durante un año después de desvanecido el error o de haber cesado la fuerza o causa de miedo y no se hubiese solicitado la nulidad matrimonial, el matrimonio inicialmente dañado se convalidará y, por consiguiente será válido.

El matrimonio putativo

El legislador, en la misma línea protectora en favor de los intereses del cónyuge de buena fe ya anunciada, establece que la declaración de nulidad del matrimonio no invalidará los efectos ya producidos respecto de los hijos y del contrayente o contrayentes de buena fe.

Si un matrimonio es declarado nulo, a efectos legales, se considerará que los esposos no han estado nunca casados.

Sin embargo, si a este matrimonio declarado nulo no se le reconociera ningún efecto, llegaríamos por ejemplo al absurdo de que los hijos nacidos de dicha unión nula serían considerados no matrimoniales.

En el matrimonio putativo se reconocen efectos al matrimonio nulo desde su celebración hasta la declaración de tal nulidad.

Para evitar situaciones tan inoportunas, se instituye la figura del denominado matrimonio putativo, el cual consistirá en reconocer efectos a un matrimonio nulo desde el momento de su celebración hasta que se produzca la declaración judicial de tal nulidad, y ello en favor del cónyuge de buena fe o de los hijos, que serán considerados matrimoniales.

El legislador establece una presunción en favor de la buena fe de los contrayentes.

Quiere ello decir que, salvo que se demuestre lo contrario durante el procedimiento judicial, se considerará que los esposos contrajeron matrimonio convencidos de la validez del mismo.

Por ello, si la sentencia que decrete la nulidad no se pronunciare sobre si los esposos contrajeron matrimonio de buena o mala fe, deberemos entender que lo hicieron de buena fe.

El reconocimiento de la buena o mala fe que haya concurrido en cada uno de los esposos en el momento de contraer matrimonio no es una cuestión meramente formal, sino que tendrá consecuencias prácticas más importantes.

En el supuesto de que uno de los esposos se haya casado de buena fe, frente al otro que no lo haya hecho de este modo, otorgará al primero unos derechos frente al segundo a la hora de determinar los efectos derivados de la declaración de nulidad.

Los efectos a los que nos referimos serán los tres siguientes:

— posibilidad de cobrar el cónyuge de buena fe una pensión compensatoria que le abonará el cónyuge de mala fe (y nunca a la inversa);

— posibilidad de optar el cónyuge de buena fe por aplicar, en el momento en que se produzca la liquidación del régimen económico-matrimonial, las disposiciones relativas al régimen de participación, pudiendo pues participar de las ganancias obtenidas por el cónyuge de mala fe (y no a la inversa);

— mantenimiento de validez de las donaciones realizadas por razón de matrimonio.

Procedimiento

Como hemos visto, si los esposos pretenden su separación o divorcio pueden alcanzar un acuerdo entre ellos y solicitar sea declarada por el juez tal separación o divorcio de conformidad a los pactos que ellos mismos han establecido.

Esto no ocurre así en los procesos de nulidad. En estos procedimientos no les está permitido a los esposos pactar la nulidad de su matrimonio, la cual prosperará o no en función de si se logra demostrar que en el momento de celebrarse el matrimonio se produjo alguna de las vicisitudes que constituyen causa de nulidad.

No cabe proceso de mutuo acuerdo en la nulidad matrimonial. La tramitación de la nulidad se realizará por los trámites previstos para el procedimiento contencioso de separación o divorcio. En este punto, y para no repetirnos, nos remitiremos nuevamente a lo indicado en el capítulo en el que estudiemos detalladamente este procedimiento.

Los efectos derivados de las sentencias de separación, divorcio o nulidad

> Las sentencias que declaran la separación, el divorcio o la nulidad matrimonial deben contener determinadas previsiones relativas a aspectos como, según cada caso, la guarda y custodia de los hijos, el régimen de visitas, la atribución del uso del domicilio familiar, la pensión compensatoria y la extinción del régimen matrimonial, entre otros.

Pasaremos a partir de este momento a analizar cuáles serán los efectos sobre los que la sentencia de separación, divorcio o nulidad deberán pronunciarse.

Hasta este momento hemos hecho referencias a los mismos en diversos momentos de este libro, ahora estudiaremos con detenimiento cada uno de ellos.

Lógicamente, si nos encontramos ante una separación o divorcio de mutuo acuerdo, serán los esposos los que establecerán los efectos o reglas que, una vez aprobados judicialmente, pasarán a regir desde ese momento las vidas de dichas personas, legalmente separadas o divorciadas.

En caso contrario, en la nulidad, separaciones y divorcios contenciosos, dadas las diferentes voluntades de las partes al respecto, será la autoridad judicial quien decida y fije cuáles serán las normas a las que deberán someterse los cónyuges de forma obligatoria a partir de la sentencia.

Denominamos *efectos comunes a la nulidad, separación y divorcio* a aquellos que versan sobre cuál de los progenitores deberá ostentar la guarda y custodia de los hijos sometidos a patria potestad (si los hubiere), determinando cuándo el progenitor no custodio podrá permanecer en compañía de tales hijos y estableciéndose la cuantía económica que deberá satisfacer, en concepto de alimentos, el padre que no conviva con los niños al que sí resida con los mismos.

De igual modo, la sentencia deberá atribuir el uso del domicilio familiar a una de las partes, estableciendo además una pensión compensatoria a favor del cónyuge al que la separación o divorcio haya producido un desequilibrio económico en relación con la posición de otro y, en el caso de que sea procedente, acordar la liquidación del régimen económico-matrimonial.

Patria potestad, guarda y custodia y régimen de visitas

Patria potestad

Los padres poseen un conjunto de facultades y deberes respecto a sus hijos menores de edad o mayores de edad incapacitados que se ejercen en beneficio de tales hijos. El conjunto de tales derechos y obligaciones se denomina *patria potestad*.

La patria potestad es compartida por ambos progenitores, quienes velarán por sus hijos, se relacionarán con los mismos, los alimentarán, educarán y les procurarán una formación integral, pudiendo igualmente representarlos y administrar sus bienes. Así pues, como se desprende de las afirmaciones precedentes, el ejercicio de la patria potestad se desarrolla en una doble esfera: la personal y la patrimonial del menor o incapaz. La separación, la nulidad y el divorcio no eximen a los padres de sus obligaciones para con los hijos.

Resulta obligado distinguir entre la titularidad y el ejercicio de la patria potestad. Mediando nulidad matrimonial, separación o divorcio de los cónyuges, por lo general se mantendrá la titularidad conjunta de la patria potestad a ambos padres, atribuyéndose no obstante su ejercicio al cónyuge guardador, el cual será el que ostentará la guarda y custodia, lo que comportará que conviva con el niño, prestándole las atenciones diarias que precise y adoptando las medidas normales que exige la vida en común.

De todo lo anterior se deduce que el mero hecho de separarse o divorciarse no comporta que uno de los cónyuges pierda la patria potestad respecto a su hijo. La privación de la patria potestad, total o parcial, únicamente vendrá determinada, a través de sentencia judicial, en un procedimiento específicamente iniciado con dicho fin y fundado en el incumplimiento de los deberes inherentes a la misma o en sentencia dictada en proceso matrimonial o penal. De este modo, si bien en un procedimiento matrimonial puede decretarse la privación de la patria potestad de uno de los padres, ello será excepcional y únicamente ocurrirá cuando en el pleito se revele la existencia de causa suficiente para ello y se justifique que dicha privación se acuerda en beneficio del hijo.

En todo caso, con posterioridad, cabe instar la recuperación de la patria potestad, la cual lógicamente debe acordarse judicialmente siempre que haya cesado la causa que motive la privación y que lo aconseje el interés del hijo.

En general, la ruptura no significa la pérdida de la patria potestad de los hijos.

No obstante lo anterior, en el caso de que uno de los padres se viera privado de la patria potestad, no quedaría eximido de la obligación de prestarle alimentos, es decir, de contribuir económicamente al sustento del hijo.

Guarda y custodia

El juez, tras valorar las peticiones formuladas por los esposos y el resultado de las pruebas practicadas en el procedimiento, concluirá con cuál de los cónyuges van a estar mejor los hijos y, en beneficio de los menores, determinará a qué esposo corresponderá la guarda y custodia de los niños.

No obstante, el legislador ha previsto que, en supuestos suficientemente fundamentados, la patria potestad pueda seguir ejerciéndose conjuntamente entre ambos esposos. De este modo, el juez podrá acordar el ejercicio compartido de la guarda y custodia de los hijos cuando:

a) Así lo solicitasen ambos padres. Esto es, cuando lo peticionen en la propuesta de convenio regulador en los procesos de separación o divorcio tramitados de mutuo acuerdo, o tras alcanzar un acuerdo.

En este caso, el juzgador podrá acordar la guarda y custodia conjunta, fundamentará su resolución, adoptará las cautelas procedentes para el eficaz cumplimiento del régimen de guarda establecido, primando siempre el interés de no separar a los hermanos. Igualmente el juez deberá obtener el informe del ministerio fiscal, oír al menor si se considera pertinente y valorar las pruebas practicadas y la relación de los padres entre sí o con sus hijos.

No procederá la guarda conjunta cuando cualquiera de los padres esté incurso en un proceso penal acusado por atentar contra la vida, integridad física o moral, la libertad, la indemnidad sexual del otro cónyuge o de los hijos que convivan con ambos. Tampoco procederá cuando el juez advierta la existencia de indicios fundado de violencia doméstica.

b) Excepcionalmente, a instancia de una de las partes, con informe favorable del ministerio fiscal, siempre y cuando considere que la guarda y custodia compartida sea la forma que protege adecuadamente el interés del menor. En ambos casos el juez podrá solicitar dictamen de especialistas relativo a la idoneidad del modo de ejercicio de la patria potestad y la guarda y custodia.

Ambos esposos pueden solicitar la guarda y custodia compartida o el juez acordarla aunque sólo la pida uno de los cónyuges.

Durante la tramitación del procedimiento matrimonial los hijos podrán ser oídos por la autoridad judicial si tuvieren suficiente juicio, y serán en todo caso escuchados si son mayores de doce años. Ello comporta que los niños mantendrán una entrevista privada con el juez, denominada en la práctica exploración del menor, en la cual, de un modo lo más distendido posible, el juez procurará averiguar la verdadera voluntad del menor respecto a con cuál de sus padres desea convivir, la conveniencia de tal elección y la disponibilidad efectiva de cada progenitor para atenderlo. A dicho encuentro con el menor no podrán asistir los padres ni los abogados de los mismos.

Debemos no obstante hacer mención de que, si bien los términos en que se exprese el hijo serán valorados por el juez al dictar su sentencia, este último no estará vinculado por las manifestaciones o preferencias del menor (el cual se puede ver claramente influenciado por uno de sus padres) a la hora de resolver, pudiendo dictaminar de forma contraria a lo manifestado por el niño

El hijo mayor de doce años y aquellos otros menores que tengan suficiente juicio serán escuchados por el juez durante el procedimiento.

si tras un examen de lo actuado en el procedimiento entendiere que los intereses del hijo quedan mejor resguardados con el otro progenitor.

Incluso en ocasiones, excepcionalmente, la guarda y custodia del menor podrá atribuirse a terceras personas que no sean los padres; en tales casos, por lo general, se otorgará a un familiar próximo del niño, normalmente a uno de sus abuelos. Nos hallaríamos ante supuestos especiales en que las formas de vida o madurez psicológica de los padres aconsejarían adoptar esta decisión. Así, por ejemplo, por sufrir enfermedades físicas o psíquicas graves, por estar privados de libertad, por ser adictos a sustancias estupefacientes, por ser alcohólicos, por viajar constantemente al extranjero y no poder atender a los menores, etc.

En última instancia, en el supuesto de que los padres hubieran fallecido, o no fuera conveniente otorgarles la guarda y custodia de los hijos por desaconsejarlo alguno de los motivos indicados u otros de tipo grave, y los niños no tuvieren otros familiares o persona que los pudiera atender, la ley prevé la posibilidad de que se confieran a una institución idónea al efecto las funciones tutelares de los hijos, las cuales serán ejercidas bajo la autoridad del juez.

Régimen de visitas

Como ya hemos adelantado, el padre que no tenga atribuida la guarda y custodia de su hijo menor o incapaz gozará del derecho a visitarlo, comunicarse con él y tenerlo temporalmente en su compañía.

La sentencia judicial determinará el modo en que deberán llevarse a cabo tales visitas, las cuales igualmente podrán, previa expresa resolución judicial, modificarse, limitarse o suspenderse cuando concurrieren circunstancias graves que así lo aconsejaren, o se incumplieren grave o reiteradamente los deberes impuestos en la resolución judicial. También podrán imponerse multas al cónyuge que incumpla el régimen de visitas establecido. Todo ello se estudiará en el próximo capítulo.

El establecimiento de un régimen de visitas es un derecho principalmente concebido en interés del menor, que llega a constituirse como un derecho y un deber para el progenitor a quien se le ha otorgado, sin que el mismo tenga por principal finalidad satisfacer los deseos del padre que de-

57

berá llevar a cabo tales visitas sino cubrir las necesidades afectivas y educacionales de los hijos en aras a su desarrollo equilibrado.

Lo habitual es que el régimen de visitas sea: fines de semana alternos y la mitad de cada uno de los periodos de vacaciones.

El juez fijará en su sentencia el régimen de visitas que crea oportuno, mas por lo general suele establecerse que el padre al que no se le atribuya la guarda y custodia del hijo podrá visitar y tener en su compañía al mismo los fines de semana alternos desde viernes tarde hasta domingo (estableciéndose en la resolución, en cada caso, el horario concreto), y la mitad de las vacaciones escolares de Navidad, Semana Santa y verano, escogiendo el padre los años pares y la madre los impares, o viceversa. Igualmente la sentencia podrá determinar que la recogida del menor se efectúe en su domicilio o en el colegio, pudiéndose fijar incluso el derecho a visitarlo uno o más días entre semana.

En todo caso las múltiples variedades con las que nos podremos encontrar dependerán de la situación concreta en que nos hallemos, atendiendo básicamente a la edad y necesidades del menor así como a las posibilidades u horarios laborales del padre.

Por ejemplo, en los supuestos en que los padres residan en lugares muy alejados (en el extranjero u otra gran distancia), será inoperativo el régimen de visitas apuntado, debiendo el juez en su caso establecer otro que se adapte más a las circunstancias de tal situación.

Atribución del uso del domicilio familiar

Cuando quiebra la relación matrimonial, cesará por lo general el interés de los esposos por continuar compartiendo el mismo techo. De este modo, la sentencia de separación, divorcio o nulidad deberá mencionar a cuál de ellos le corresponderá el uso de la vivienda familiar.

El legislador considera el domicilio conyugal como un bien adscrito a la familia, al servicio de la misma, implicando ello que el uso de aquella será otorgado a quien ostente el interés más necesitado de protección con independencia de quién sea el titular del inmueble.

Debemos dejar claro ya inicialmente que, por el mero hecho de que uno de los esposos sea el único propietario del domicilio familiar, ello no garantizará que le sea atribuido al mismo su uso. En todo caso, deberemos atender a la composición y necesidades de la familia.

Para la concreta determinación del miembro de la pareja a quien le corresponderá el uso del domicilio conyugal, deberemos comprobar primero si fruto de la unión matrimonial han nacido hijos que, en el momento en que se ha de dictar sentencia, todavía estén sujetos a patria potestad.

Si al instarse el procedimiento judicial el matrimonio tiene hijos menores de edad, se entenderá que serán estos sobre los que recaerá el interés más necesitado de protección. Ello comportará, como regla general, que al progenitor al que se le haya concedido la guarda y custodia de los hijos se le atribuirá el domicilio familiar, en el que residirá junto a estos, con la ya mencionada independencia de quién sea el titular de la vivienda.

De modo contrario, cuando el matrimonio no tenga hijos menores de edad será el juez, a su prudente arbitrio, quien valorará cuál de los esposos se halla en una situación más necesitada de protección, al cual concederá el uso de la vivienda familiar. Para ello atenderá a las circunstancias personales (salud, cualificación profesional, edad) y económicas (ingresos económicos, titularidad de otra vivienda o posibilidad de adquisición o alquiler de una nueva) de ambos cónyuges.

En el supuesto de que no existan hijos menores o incapaces se puede otorgar el uso de la vivienda al cónyuge no propietario. Ahora bien, si existen hijos sometidos a guarda y custodia no será conveniente poner ninguna limitación al uso de la vivienda familiar al cónyuge no propietario; en el supuesto contrario (de no existir hijos), el uso por el cónyuge no titular puede verse limitado en el tiempo, por un determinado número de años, según el criterio del juez y previa petición de la parte interesada.

Puede ocurrir también que el domicilio familiar no sea propiedad de ninguno de los esposos, sino que el mismo sea de alquiler. En este caso, si el cónyuge al cual ha sido atribuido en sentencia de separación, divorcio o nulidad el uso de domicilio conyugal no es el titular del contrato de arrendamiento, podrá continuar con el uso de la vivienda arrendada siempre y cuando comunique al arrendador, en el plazo de dos meses desde que le fue notificada la resolución judicial correspondiente, su voluntad de continuar con el uso de la vivienda. Finalmente, haremos referencia a los gastos que ocasione la vivienda familiar. Entiende la Jurisprudencia que de los gastos derivados del consumo (luz, gas, teléfono y demás) deberá ha-

El uso de la vivienda se atribuirá a quien ostente el interés más necesitado de protección, es decir, al cónyuge que conviva con el hijo menor o incapaz.

cerse cargo el cónyuge que reste en el inmueble, mientras que aquellos que impliquen una repercusión directa sobre la propiedad, tales como el importe de obras de conservación o mejora de la finca, irán a cargo del titular de la misma.

Alimentación de los hijos

El deber de alimentar a los hijos es una de las obligaciones de los padres, prevista de modo expreso en nuestra Constitución y demás legislación. Los esfuerzos de ambos progenitores deben asociarse para hacer frente a los gastos que comportarán sus descendientes. El padre que ostentará la guarda y custodia tendrá derecho a percibir del otro progenitor una determinada cuantía económica en concepto de pensión de alimentos en favor de los hijos. En este punto, es imprescindible diferenciar si dichos descendientes han alcanzado o no la mayoría de edad.

Hijos menores de edad

La pensión por alimentos no debe alcanzar únicamente el coste de la comida de los hijos. El concepto de alimentos debe entenderse en un sentido amplio el cual no sólo comprende el sustento alimenticio sino también debe cubrir el domicilio, el vestido, la educación y la asistencia médica e instrucción de los hijos.

Los alimentos en favor de los menores de edad suponen una obligación incondicional del padre, de la cual no podrá declararse su supresión bajo ningún concepto. Es tal la entidad de esta obligación que, incluso en el supuesto de que en el procedimiento matrimonial ningún esposo solicitare pensión de alimentos en favor de los niños, el juez podrá acordarla libremente, es decir, de oficio. La cuantía de la pensión alimenticia se establecerá de acuerdo con las posibilidades económicas de quien tiene que prestar los alimentos (cónyuge que los paga) y de las necesidades de quien tiene que recibirlos (hijos), debiéndose valorar de igual modo los recursos económicos del otro cónyuge, el trabajo que el guardador dedica al hogar y a los hijos y el uso de la vivienda conyugal.

En consecuencia, no nos hallamos ante una cantidad fija establecida en función del número de hijos que cada padre tiene, sino que habrá que atender a cada caso concreto. Ello permite que los importes que se establezcan en este concepto puedan variar mucho de unas familias a otras en función del nivel de vida de las mismas. Influirán a la hora de cifrar la cuantía a imponer factores tales como la edad del hijo (generalmente a mayor edad comportará más gastos); la posibilidad de que el mismo sea disminuido físico o psíquico; los usos o costumbres por el mismo adoptadas (por ejemplo, el seguimiento de actividades extraescolares formativas y el ritmo de vida en general) y las circunstancias del progenitor obligado al pago: los ingresos económicos que posee y las cargas que sustenta (el pago del alquiler de vivienda, préstamos por diversos conceptos, etc.), su salud o la existencia de hijos de otros matrimonios.

La atribución del uso de la vivienda también deberá ser valorada en aras a establecer la cuantía de los alimentos. Toda vez que estos van dirigidos, entre otros supuestos, a cubrir las necesidades de domicilio de los hijos, si los menores tienen atribuido junto a un progenitor el uso del domicilio, la pensión por alimentos deberá ser inferior a la que se establecería en el caso contrario, esto es, en el supuesto de que partiendo de la pensión recibida deban proveerse de una vivienda donde habitar.

Como criterio general, el juez que resuelva al respecto establecerá la pensión por alimentos cuantificándola en una cantidad fija a abonar mensualmente, a la cual se le aplicará la correspondiente actualización anual.

La cantidad que se ha de pagar por alimentos se fija según las posibilidades del obligado al pago y las necesidades del menor.

En los supuestos en que el obligado al pago sea un trabajador por cuenta ajena, podremos conocer sus ingresos formulando, a través del juzgado, un requerimiento a la empresa u organismo para la cual trabaja a fin de que nos certifique los ingresos por el mismo percibidos. En cambio, tropezaremos con mayores problemas si el cónyuge es autónomo, es decir, tiene su propio negocio. En estos casos se podrá solicitar al juzgado que solicite a la delegación de Hacienda información sobre los ingresos que le constan percibidos por el cónyuge (declaración del IRPF, por ejemplo) o solicitar la demostración ante la autoridad judicial de los libros de contabilidad llevados en el negocio del cónyuge obligado al pago. Para evitar que el montante económico de la pensión compensatoria se convierta en obsoleto con el paso de los años, se prevé la actualización del mismo que consistirá en aplicar en cada anualidad la variación experimentada por el IPC.

Hijos mayores de edad

En el supuesto de que los hijos del matrimonio sean mayores de edad, el régimen jurídico de los alimentos es diferente al de los hijos menores de edad.

La concesión de alimentos en favor de los hijos mayores de edad debe ser solicitada por la parte que los pretende, no pudiendo el juez adoptarla por propia decisión unilateral a diferencia de lo que ocurre con los hijos menores de edad. La razón de esta diferencia hay que encontrarla en que, mientras el derecho de alimentos de los primeros es de carácter incondicional (no desaparece nunca), el de los segundos pierde este carácter, no viéndose los padres en todo caso obligados a su prestación.

El cálculo de los alimentos en favor de hijos mayores de edad se hará del mismo modo que en lo previsto para los hijos menores de dieciocho años, es decir, en proporción a los medios del que los da y las necesidades del que las recibe. Pese a ello, el contenido de los alimentos para los hijos mayores de edad podrá tener un carácter más reducido (un importe inferior) que los producidos en favor de los hijos menores de edad.

La prestación de alimentos de un padre en favor de su hijo mayor de edad puede ser solicitada en un procedimiento matrimonial por el hijo a través del progenitor que con el hijo conviva o puede ser interesada directamente por el hijo en un procedimiento distinto, específicamente indicado al efecto. En el primero de los supuestos, el progenitor actuará en nombre del hijo, quien le deberá otorgar dicha representación en el procedimiento judicial, bien tácita o expresamente; siendo preferible optar por este último posicionamiento y comunicar explícitamente al juzgado la voluntad del hijo a través de una manifestación verbal o escrita formulada ante el órgano judicial. La concesión de alimentos a favor de los hijos mayores de edad dentro del procedimiento matrimonial se hallará básicamente condicionada a la concurrencia de dos presupuestos:

— que el hijo siga conviviendo en el domicilio familiar, es decir, junto al progenitor que solicita la prestación; se pretende pues que el hijo mayor de edad, para ser merecedor de la pensión por alimentos, no resida en domicilio distinto al familiar, lo cual implicaría una forma de vida independiente;

— que el hijo mayor de edad carezca de ingresos propios; si bien a priori la inexistencia de ingresos propios parece una cuestión de fácil determinación, en la práctica ha comportado diferentes interpretaciones jurisprudenciales.

Muchos tribunales interpretan que el desempeño de algún tipo de trabajo remunerado, aunque sea insuficientemente, o la circunstancia de que el hijo haya accedido temporalmente al mercado laboral, aunque momentáneamente se halle en situación de desempleo, comportará la negación del requisito que comentamos y, consecuentemente, no se concederá a favor de tales hijos mayores de edad el derecho a la pensión de alimentos.

Ello no comporta que la inexistencia de alguno de los presupuestos implique la imposibilidad de que el mayor de edad reciba una pensión alimenticia del progenitor, sino que supondrá que el mismo deba instar un procedimiento, específicamente de alimentos, para solicitar la misma. Es decir, un proceso independiente al de la separación, divorcio o nulidad, en el que hará valer su condición de pariente necesitado para solicitar el auxilio económico de sus ascendientes.

Se suelen reconocer alimentos al hijo mayor de edad si vive en el domicilio familiar y no se ha independizado económicamente.

Los alimentos a favor del hijo mayor de edad suelen concederse habitualmente en aquellos supuestos en que el citado hijo está todavía estudiando al producirse la ruptura matrimonial. En estas ocasiones, los alimentos tienden a extenderse hasta que el hijo haya completado su formación previa a la incorporación al mundo laboral. De todos modos, deberá valorarse tanto la duración de los estudios en su caso realizados, al igual que la diligencia con que los mismos han sido cursados, sin que el fracaso reiterado e injustificado retraso del hijo al finalizar los estudios deba comportar la percepción de alimentos de forma indefinida.

Con ello queremos hacer referencia a que, por ejemplo, no deberá supri-mirse la pensión de alimentos devengada a favor de aquel hijo de vein-te años que se encuentre cursando estudios de medicina u otra carrera univer-sitaria de larga duración, en la cual esté obteniendo buenas calificaciones; mas difícilmente prosperará la petición de la misma pensión aludida en el su-puesto de que un hijo de igual edad permanezca matriculado en cualquier academia o universidad sin obtener aprovechamiento alguno de los conoci-mientos que se le imparten, acreditándose ello por las reiteradas repeticiones de curso y las malas calificaciones obtenidas sin justificación alguna.

Los alimentos en favor de los hijos mayores de edad se diferencian tam-bién de los alimentos abonados a favor de los hijos menores en que, mientras en el primer caso el obligado al pago podrá optar por prestar los alimentos abonando una determinada cantidad o satisfacerlos recibiendo y mantenien-do en su propia casa al hijo que tiene derecho a ellos, en el supuesto de que el hijo sea menor de edad, siempre deberá satisfacerlos en metálico.

Finalmente queremos hacer especial mención de que el hecho de que las relaciones paterno-filiales sean muy tensas o inexistentes no justificará el cese de la obligación alimenticia.

Pensión compensatoria

Durante la convivencia matrimonial las necesidades de los cónyuges están cubiertas por el deber de socorro y ayuda mutua que comporta el matri-monio, según viene establecido legalmente.

Acaecida la separación de los esposos o su divorcio, podemos encon-trarnos con que un miembro de la pareja se halle en una situación econó-mica desfavorable en relación a la mantenida durante el matrimonio. La pensión compensatoria es una prestación cuyo objetivo es precisamente restablecer el equilibrio económico roto con el cese de la vida conyugal, garantizando que el cónyuge desfavorecido pueda seguir disfrutando de un nivel de vida similar al mantenido durante la etapa de normalidad del matrimonio. Ello implicará necesariamente que el cónyuge que goza de una mejor situación económica abone al cónyuge cuyas posibilidades di-nerarias se han visto anuladas o reducidas una determinada pensión men-sual. Procederá pues el pago de una pensión compensatoria, tanto en los supuestos que los ingresos durante el matrimonio provinieran exclusivamente de los rendimientos del trabajo de uno de los esposos sin que el otro aportara montante económico alguno a la familia como en el caso de que ambos colaboraran en el levantamiento de las cargas de la familia aunque en proporciones considerablemente diferentes.

Para que en un proceso matrimonial un juez acabe estableciendo el derecho de una parte a percibir una pensión compensatoria de la otra, la parte que lo pretende debe solicitarlo expresamente al iniciar su intervención en el pleito, es decir, al presentar la demanda o la oposición a la misma, y ello con la finalidad de que durante la tramitación del procedimiento puedan discutirse la necesidad de su otorgamiento y cuantía de la misma. La procedencia de la pensión compensatoria, a diferencia de lo que ocurre con la pensión por alimentos en favor de los hijos, no puede acordarla el juez por propia decisión: será precisa la petición específica de quien la pretende. La cuantía de la pensión deberá determinarla el juez valorando cada caso concreto; no obstante el legislador establece una serie de parámetros que se deberán considerar a la hora de cuantificar el importe de la pensión compensatoria. Son los siguientes:

a) Los acuerdos a los que hubieran llegado los cónyuges. Por ejemplo un convenio notarial suscrito con anterioridad entre los mismos esposos que ahora solicitan la separación, el divorcio o nulidad.

b) Edad y estado de salud. Estos dos aspectos serán valorados por el juez toda vez que, en consideración a los mismos, el cónyuge desfavorecido tendrá mayores o menores posibilidades de incorporarse a la vida laboral. Al cónyuge, pongamos por caso, de 55 años, después de un largo periodo de tiempo dedicado al cuidado de la familia, le será mucho más complicado acceder al mundo laboral que si fuese veinte años más joven, mientras que su salud se encontrará probablemente más deteriorada.

c) La cualificación profesional y las posibilidades de acceso a un empleo. Dicho parámetro incide al igual que en el supuesto anterior en la posibilidad de conocer las expectativas económicas del cónyuge en el futuro y, como consecuencia directa, en el porvenir previsible de obtener rentas para mantenerse. En este caso no sólo deberá valorarse la tenencia de un título académico, sino la capacidad real y efectiva de ejercer los conocimientos que en el pasado se obtuvieron. Hacemos expresa mención de ello toda vez que, en referencia a los supuestos en que, aunque se posea una titulación (medicina, ingeniería, derecho), el ejercicio de la profesión que la misma habilita puede verse gravemente dificultado si no se ha desarrollado actividad relacionada con la misma, habiéndose producido importantes modificaciones o innovaciones.

d) La dedicación pasada y futura a la familia. Se tendrá en consideración en el momento de fijar la cuantía de la pensión compensatoria la entrega de uno de los esposos al cuidado de la familia, que en muchos casos habrá comportado que este cónyuge haya abandonado su trayectoria profesional para dedicarse al cuidado del hogar y de los hijos, dedicación por la cual no ha obtenido gratificación económica alguna.

e) La colaboración con su trabajo en las actividades mercantiles, industriales o profesionales del otro cónyuge. Estamos ante el supuesto de otro tipo de dedicación que muchas veces no se ha retribuido o lo ha sido de un modo insuficiente. Si un cónyuge ha trabajado en el negocio del otro esposo sin percibir sueldo o salario por ello, o siendo este de carácter simbólico, tal esfuerzo deberá ser contemplado al establecerse el importe de la pensión compensatoria.

f) La duración del matrimonio y de la convivencia conyugal. No se valorará por igual una unión matrimonial que ha persistido un gran número de años que aquella que ha quebrado al poco tiempo de iniciarse. Si la vida conyugal ha durado poco espacio de tiempo, podría resultar injusto cargar al esposo con una posición económica más favorecida la obligación de abonar de forma ilimitada una pensión al otro cónyuge. En estos casos el juez podrá limitar temporalmente la pensión compensatoria a abonar, especificando un determinado número de anualidades en el que la prestación compensatoria sólo se devengará. Después cesará.

g) La pérdida eventual de un derecho de pensión. Al respecto conviene hacer mención que la separación o el divorcio de los cónyuges comportará que, en el momento del fallecimiento de uno de los cónyuges, el otro no pueda cobrar la totalidad de la pensión de viudedad sino sólo pueda cobrarla en cuantía proporcional al tiempo vivido con el cónyuge fallecido.

h) El caudal y medios económicos y las necesidades de uno y otro cónyuge. Nos referimos a las disponibilidades económicas que cada uno de los esposos posea (ingresos fruto de su trabajo, rentabilidad de sus propiedades, etc.) y los gastos que deba sufragar.

Tras la valoración de los hechos anteriores, el juez fijará finalmente el importe de la pensión compensatoria la cual, como es lógico, no podrá suponer la confiscación de los recursos económicos del obligado al pago, debiéndose tener presente que, una vez abonada la misma, el pagador debe poseer de una cuantía dineraria suficiente con la que sufragar sus propios gastos.

La pensión compensatoria se abona al cónyuge que la ruptura matrimonial sitúa en peor condición.

La pensión compensatoria se cifrará en una cantidad que de forma mensual abonará uno de los cónyuges (el que posea ingresos) al otro (el que no posea ingresos o estos sean sustancialmente menores), indicando igualmente la sentencia que la fijare las bases para su actualización, las cuales consistirán normalmente en aplicar a cada anualidad la variación experimentada por el Índice de Precios al Consumo (IPC). Si ambas partes manifiestan su voluntad expresa al respecto, el juez podrá acordar sustituir la percepción periódica de la pensión por la capitalización de la misma en una suma determinada (pago único) o por la entrega de determinados bienes (un terreno, una vivienda, unas acciones, joyas, etc.).

Significa ello que los cónyuges podrán optar, siempre de mutuo acuerdo, por modificar la modalidad de pago, reemplazando el abono mensual de la pensión compensatoria por el pago único de una cantidad por ambos acordada o por la entrega de un determinado bien. Operado dicho cambio, como es lógico, ya no se devengará cantidad mensual a favor del cónyuge desfavorecido por la separación, el divorcio o la nulidad.

Como regla general la pensión compensatoria establecida no se halla limitada temporalmente (se pagará de modo indefinido), mas algunos jueces admiten que en determinados supuestos esta pueda acotarse en el tiempo, a tenor de las circunstancias concretas que se deduzcan en el procedimiento. El juez, para decidir si limita o no la obligación de pagar pensión compensatoria, valorará la duración del matrimonio, la edad de los esposos, la dedicación de ambos a la familia y la existencia de descendencia.

De este modo, si el matrimonio ha durado pocos años, no han nacido hijos y ambos miembros de la pareja son jóvenes, podrá establecerse una pensión compensatoria limitada para un determinado número de años (generalmente de dos a cinco) ante la posibilidad de que el cónyuge perjudicado pueda recuperarse económicamente por sus propios medios. Por el contrario, si los esposos se separan pasados los cincuenta años de edad, después de un largo matrimonio, durante el cual uno de ellos ha estado dedicado plenamente al cuidado de la casa y de los hijos, no procederá limitar la pensión compensatoria a percibir, por cuanto las posibilidades de que dicho cónyuge perjudicado pueda acceder al mercado laboral son escasas.

Regímenes económico-matrimoniales

Desde el mismo instante en que los esposos contraen matrimonio, se generan entre ellos y en torno a los mismos unas relaciones económicas que continuarán vigentes durante toda la vida de la unión matrimonial.

Dichas relaciones están reguladas por la ley, la cual arbitra, como veremos, varios modelos o soluciones diversas por las que podrán regirse los esposos, pudiendo escoger en todo momento la propia pareja a cuál de las posibles alternativas quiere acogerse. No obstante, el legislador prevé la aplicación subsidiaria de unas determinadas normas en el supuesto de que los esposos no opten por alguna de las diferentes fórmulas que se les proponen.

A continuación pueden verse los tipos previstos por la ley.

Régimen económico-matrimonial

Los cónyuges pueden pactar antes de casarse cuál va a ser el régimen económico que regirá su unión, pudiendo además modificarlo cuantas veces lo deseen mientras persista su matrimonio.

Si los esposos se deciden a escoger un determinado régimen económico-matrimonial, de los varios previstos por el legislador, adaptándolo o no a sus necesidades, deberán otorgar un documento que se denomina capítulos matrimoniales, en el cual estipularán, modificarán o sustituirán el régimen matrimonial que les correspondiere. Dicho documento necesariamente deberá formalizarse ante notario, el cual plasmará los acuerdos alcanzados entre las partes en escritura pública.

Para el supuesto en que los cónyuges no formalicen, como suele ser habitual, pacto alguno que regule sus relaciones económicas, la ley establece subsidiariamente un determinado régimen que variará en función del ordenamiento jurídico aplicable a cada matrimonio.

El legislador estatal ha previsto que, ante la falta de elección, las relaciones patrimoniales entre los cónyuges se regirán por el régimen de gananciales, si bien no suele ser así en todo el Estado.

Si los esposos no han pactado los criterios que regirán sus relaciones económicas, se aplicará el régimen de gananciales, salvo si la comunidad donde viven tiene previsto otro régimen.

Aquellas comunidades autónomas que tengan una legislación propia al respecto la aplicarán con preferencia a las normas establecidas por el legislador estatal. Ello conllevará que, si los esposos residentes en estas comunidades autónomas no optan por ningún régimen económico, se aplicará el previsto supletoriamente en dicha legislación autonómica (legislación foral), el cual no siempre deberá ser el régimen de gananciales, pudiendo ser perfectamente otro distinto.

A continuación analizaremos sucintamente cada uno de los diferentes regímenes previstos en el derecho común. En el próximo capítulo nos referiremos a la disolución de los mismos, una vez se dicta sentencia declarando la separación, divorcio o nulidad.

Régimen de gananciales

Como ya hemos anticipado, el régimen de gananciales es el régimen supletorio previsto por el legislador (salvo disposición en contrario prevista por la legislación propia de la comunidad autónoma por la que se regule dicho matrimonio).

En el régimen de gananciales, o en la también denominada sociedad de gananciales, se considerarán comunes del marido y la mujer las ganancias o beneficios obtenidos indistintamente por cada uno de ellos desde la celebración del matrimonio. Cuando estos esposos se separen o se divorcien se les atribuirá en partes iguales el patrimonio que hubieren acumulado.

Es decir, se parte de la base de que todos los ingresos de la familia corresponden al 50 % a cada uno de los esposos, y ello con independencia de si ha sido uno de ellos o ambos los que han procedido efectivamente a la obtención de los mismos. De esta manera, en el supuesto de que uno de los cónyuges, generalmente la mujer, no haya desempeñado actividad laboral retribuida alguna por permanecer en el hogar al cuidado de la familia, la ley considerará que la mitad del patrimonio de los esposos le corresponde, dando pues por supuesto que su ahorro y sacrificio deben computarse como una ganancia más. Ahora bien, el efectivo cálculo de la ganancia que corresponde a cada uno de los miembros de la pareja no se computa hasta el momento de disolverse la sociedad de gananciales, y ello ocurrirá, entre otros supuestos, cuando los esposos se separen o se divorcien. En este instante, a cada uno de los cónyuges se le otorgará el 50 % del patrimonio que hubieren acumulado durante su vida matrimonial (sobre la disolución del régimen económico, véase próximo capítulo).

Debemos aclarar, no obstante, que los bienes que poseyera cada uno de los cónyuges con anterioridad a la celebración del matrimonio no pasarán a formar parte de esta masa común cuya mitad es propiedad de cada uno, sino que seguirán siendo privativos o de propiedad exclusiva de aquella persona que los poseyera antes de la unión matrimonial. En cambio, las rentas derivadas de dichos bienes privativos sí que poseerán el carácter de ganancial.

De igual modo, tal y como sucede en los bienes adquiridos con anterioridad a la celebración del matrimonio, también serán propiedad exclusiva de uno de los cónyuges los que este posea a título gratuito (herencia o donación). Estos bienes adquiridos por uno de los cónyuges, sin que le hayan comportado coste económico alguno, tampoco pasarán a engrosar el patrimonio común de los esposos.

A fin de aclarar la información facilitada, acudiremos a comentar un ejemplo que nos ayudará a entender el significado de los párrafos anteriores. Veamos cuál sería la liquidación de la sociedad de gananciales cuya masa patrimonial se ha formado en el seno de una familia en la cual el esposo A ha permanecido desde el mismo momento que contrajo matrimonio dedicado a las labores del hogar, mientras el esposo B ha desempeñado actividad laboral retribuida con la cual ha aportado el sustento de la pareja. Consideraremos además que el esposo B, cuando todavía era soltero, había adquirido un piso que ha permanecido alquilado durante el matrimonio, siendo el esposo A propietario de otro inmueble adquirido por el mismo por herencia de sus padres, una vez ya casado.

En el régimen de gananciales son comunes las ganancias o beneficios obtenidos indistintamente por cada cónyuge desde la celebración del matrimonio, salvo los que se perciben por herencia o donación.

En el caso anterior la masa común estaría formada por los ingresos obtenidos por el esposo B a partir de su trabajo y por las rentas de alquiler del piso propiedad del mismo (es una renta derivada de un bien privativo). La cantidad a la que ascendieran la suma de los ingresos indicados, a la disolución del régimen matrimonial, correspondería en un 50 % a cada uno de los esposos. Por el contrario el piso adquirido por el esposo B de soltero y por el esposo A por herencia (consecuentemente a título gratuito) serán bienes privativos que corresponderán exclusivamente a sus titulares, quienes podrán disponer de los mismos libremente. Observemos cómo la ley facilita un tratamiento diverso al piso del esposo y a las rentas de alquiler generadas por el mismo: es un claro supuesto de cómo un bien privativo puede generar rentas que aumentarán la masa ganancial.

Régimen de separación de bienes

A diferencia de lo que ocurre en el régimen de gananciales, en el régimen de separación de bienes no se crea ningún patrimonio común a ambos esposos. No existe unión o confusión entre los bienes de los cónyuges. Cada uno de los consortes sigue siendo titular de su respectivo patrimonio, tanto del adquirido con anterioridad como del obtenido con posterioridad a la celebración del matrimonio.

Este sistema sin más podría comportar una situación de desequilibrio entre los cónyuges, en especial en el supuesto de que uno de ellos se haya dedicado durante la vida matrimonial exclusivamente al cuidado de la familia. En estos supuestos, dicha labor será computada como una forma de contribución a las cargas del matrimonio y dará derecho a obtener una compensación económica que el juez señalará, a falta de acuerdo de las partes, cuando estas se separen o se divorcien.

El mencionado régimen es supletorio en Cataluña y Baleares. En dichos territorios, si los esposos no otorgan capitulaciones matrimoniales acordando lo contrario, sus relaciones patrimoniales se regirán efectivamente por el régimen económico que en estos momentos estamos estudiando. O dicho de otro modo: mientras en los territorios de derecho común el silencio de los esposos comporta la sujeción de los mismos al régimen de gananciales, en Cataluña y Baleares el mismo silencio comportará su sometimiento al régimen de separación de bienes, con las peculiaridades que en cada caso la legislación aplicable determine.

En el régimen de separación de bienes cada uno de los consortes sigue siendo titular de su respectivo patrimonio, tanto del adquirido con anterioridad como del obtenido con después de la celebración del matrimonio.

Queremos indicar que el hecho de que los esposos se hallen sometidos al régimen de separación de bienes no quiere decir que no puedan poseer bienes en común. Muy al contrario, en la práctica, muchas veces nos encontraremos con que los esposos sometidos a este régimen económico adquieren a nombre de ambos, y con cargo a sus propios patrimonios, la vivienda familiar u otros bienes, convirtiéndose pues en cotitulares. En estos casos, de mediar ruptura matrimonial, y acordarse la venta del bien común, a cada uno le corresponderá parte del precio obtenido en la transmisión en la misma proporción en que cada uno adquirió el mencionado bien.

Régimen de participación

Este régimen económico, muy poco usual en la práctica, comporta una regulación cuya base se sustenta parcialmente tanto en la normativa del régimen de gananciales como en la del de separación de bienes.

Durante la vida matrimonial las relaciones económicas entre los cónyuges se regulan tal y como si nos halláramos ante un régimen de separación de bienes, esto es, los patrimonios de cada uno de los miembros de la pareja se mantienen separados (no se crea una masa común). En cambio, de modo similar a lo previsto para la sociedad de gananciales, los cónyuges en el momento de la disolución matrimonial participarán cada uno y recíprocamente en las ganancias obtenidas por el otro durante el matrimonio.

De no pactarse lo contrario será por mitades (50%) la participación de un cónyuge respecto a las ganancias experimentadas por el otro, e igualmente la de este segundo respecto a las generadas por el primero. A pesar de ello, los cónyuges podrán variar, siempre de común acuerdo, el porcentaje de sus respectivas participaciones. Dicho porcentaje podrá ser cualquiera, pero este regirá tanto para la participación de un primer esposo respecto al segundo como del segundo cónyuge respecto al primero.

En el régimen de participación los patrimonios de cada esposo se mantienen separados durante el matrimonio pero, al disolverse, cada uno participa al 50 % en las ganancias obtenidas por el otro durante el matrimonio.

La participación de un cónyuge en el patrimonio del otro y viceversa comportará que, para simplificar su cálculo efectivo, se averigüe cuál de ellos tiene mayor patrimonio y la cuantía en que este difiere del generado por el otro esposo. Conocida esta diferencia, bastará que el cónyuge menos favorecido adquiera, en la proporción que le corresponda (50 % u otra fijada), bienes del cónyuge que ha obtenido una mayor fortuna.

Al igual que ocurre en el régimen económico de gananciales, no se computará como patrimonio a partir del cual se calculan las respectivas participaciones aquel perteneciente a cada esposo con anterioridad a la boda ni el adquirido por uno de ellos, una vez ya casado, por herencia o donación (título gratuito).

Acudiremos nuevamente a un ejemplo. Si el señor M y la señora P han optado por el régimen de participación, no formarán durante su vida conyugal una masa común comprensiva de los bienes que cada uno de ellos haya ido obteniendo durante el matrimonio; ahora bien, llegado el momento de separarse o divorciarse, se calculará cuáles son estos patrimonios obtenidos por cada uno de ellos desde que se casaron. En el supuesto de que las propiedades del señor M asciendan a 80.000 euros y las de la señora P a 30.000 euros, existirá un saldo positivo en favor del señor M de 50.000 euros, lo que comportará que la señora P pueda participar al 50 % (salvo que se hubiere pactado un porcentaje diferente) en las ganancias del señor M, de quien tendrá derecho a percibir 25.000 euros.

Disolución del régimen económico matrimonial

La sentencia firme de separación, divorcio o nulidad producirá, respecto de los bienes del matrimonio, la disolución del régimen matrimonial.

A partir de ese momento deberá procederse, en su caso, a la liquidación de dicho régimen, atribuyendo a cada uno la participación en los bienes que pudiere corresponderle. Para ello tendremos que tener en consideración el régimen económico-matrimonial concreto que rige entre los esposos y, de existir, las disposiciones o parámetros acordadas en sentencia al respecto. Suele ser habitual que la sentencia no se pronuncie sobre la concreta liquidación de los bienes, lo que implicará que dicha concreción se determine en un momento posterior (véase próximo capítulo).

Para preservar los derechos de un cónyuge frente a posibles disposiciones patrimoniales de bienes que pertenezcan a la masa común de ambos, efectuadas por el otro cónyuge en detrimento de los derechos del primero, durante el procedimiento matrimonial, cabrá que el esposo que se pueda sentir perjudicado interese la inscripción de la demanda o de la sentencia de separación, nulidad o divorcio en el Registro de la Propiedad y en el Registro Mercantil, dando con ello publicidad a terceros de la existencia de un proceso judicial en el que la titularidad de dicho bien puede verse afectada. Por otro lado, y con referencia exclusiva a la vivienda habitual y bienes muebles de uso ordinario, con independencia del régimen económico-matrimonial que rija el matrimonio y aunque la titularidad pertenezca a uno sólo de los cónyuges, para disponer de los mismos, se requerirá del consentimiento de ambos. En el supuesto de que las partes no alcanzasen acuerdo alguno, deberán solicitar la autorización judicial.

Para asegurarse la efectividad práctica de esta estipulación legal, será muy conveniente que el cónyuge al cual le ha sido otorgado el uso de domicilio proceda a la inscripción de tal derecho de uso en el Registro de la Propiedad, con lo que conseguirá que la carga posesoria sea conocida por cualquiera que pretenda adquirir el bien, evitándose que se pueda disponer del inmueble sin su consentimiento.

Por último debemos hacer referencia a que los poderes de representación que cualquiera de los cónyuges hubiere otorgado al otro durante el matrimonio quedarán automáticamente revocados desde que se inicie la tramitación del procedimiento de separación, divorcio o nulidad.

En este caso, la revocación indicada se produce de forma inmediata desde el inicio del proceso judicial en cuestión no siendo preciso para que la misma se produzca ni que sea decretada expresamente por el juez, ni esperar a que se dicte sentencia para que la misma sea operativa.

Ejecución de las sentencias de separación, divorcio y nulidad

No son, por desgracia, infrecuentes los incumplimientos de las sentencias dictadas en procedimientos de separación, divorcio o nulidad, singularmente tanto en lo relativo al pago de la pensión como al cumplimiento del régimen de visitas de los hijos. En tales casos, la parte perjudicada se ve en la necesidad de tener que solicitar la ejecución forzosa de los pronunciamientos contenidos en la resolución judicial.

Toda sentencia que decretare la separación, el divorcio o nulidad matrimonial fijará además los efectos o medidas que regularán la nueva situación personal y económica nacida entre los cónyuges que han sido parte en cualquiera de los tres procedimientos anteriores.

Tal y como hemos visto en el capítulo anterior, el juez acordará cuál de los esposos ostentará la guarda y custodia de los hijos sujetos a patria potestad, al que por regla general se le atribuirá el uso del domicilio familiar, establecerá un régimen de visitas en favor del padre que no resida con aquellos y fijará las aportaciones económicas que este deberá realizar para ayudar a sufragar los gastos generados por sus hijos. El juez podrá conceder también algún tipo de prestación económica en favor del cónyuge más desfavorecido a resultas de la ruptura familiar, a la vez que acordará la disolución del régimen económico-matrimonial, resolviendo todas las cuestiones planteadas en el procedimiento.

Una vez la sentencia dictada sea firme, ambas partes deberán cumplir lo establecido en la misma.

El incumplimiento de lo acordado en sentencia judicial y la liquidación del régimen económico-matrimonial

En algunas ocasiones, uno de los esposos se niega a cumplir voluntariamente la totalidad o parte de lo dispuesto en la resolución judicial.

En estos casos, la parte perjudicada por tal incumplimiento podrá acudir nuevamente ante el juez que dictó la sentencia y solicitar su nueva intervención con la finalidad de conseguir dar cumplimiento efectivo a lo dispuesto en la resolución judicial que ha sido desatendida por la parte adversa.

Nos encontraremos en supuestos como aquellos en que un esposo no abona la cantidad fijada en concepto de pensión compensatoria en favor del otro; cuando el padre que no tiene la custodia del hijo no paga las cantidades fijadas en concepto de alimentos en favor del mismo; también cuando dicho padre no asiste a visitar a su hijo en los términos establecidos en sentencia o cuando dichas visitas no son en la práctica permitidas por el cónyuge custodio, etc.

Aquellas actuaciones realizadas por el juzgado con posterioridad a que el mismo haya dictado sentencia, encaminadas a garantizar el cumplimiento de lo acordado en dicho pronunciamiento judicial, se denominarán *procedimiento de ejecución forzosa de los pronunciamientos sobre medidas*.

Junto al supuesto ya comentado en que nos hallemos ante la negativa de uno de los cónyuges de llevar a cabo lo acordado en la sentencia, también podremos acudir a la fase de ejecución de sentencia con el objetivo de liquidar el régimen económico-matrimonial de gananciales.

Es decir, con la intención de realizar las operaciones procedentes para conseguir repartir entre los esposos aquellos bienes comunes adquiridos durante el matrimonio.

Mediante la ejecución de sentencia se puede reclamar el cumplimiento de la sentencia por parte del otro cónyuge.

En las próximas páginas desarrollaremos separadamente ambas problemáticas, las posibles medidas y actuaciones a adoptar en el caso de que el cónyuge incumpla alguna de las obligaciones que al mismo le han sido impuestas, y finalmente, los trámites a seguir para liquidar el régimen económico-matrimonial de gananciales.

Impago de pensiones

El impago de las pensiones es posiblemente el principal motivo por el cual quien fue parte en un procedimiento matrimonial acude nuevamente al juzgado para solicitar la ejecución de uno de los acuerdos adoptados en la sentencia que ha sido incumplido por la parte adversa.

Si uno de los progenitores no recibe del otro el importe establecido en concepto de una pensión, ya sea de alimentos en favor de los hijos o compensatoria a favor del propio cónyuge, puede solicitar la ayuda judicial para cobrar las deudas impagadas.

Para ello deberá acudir, asistido de abogado y procurador, ante el juez que acordó la separación, el divorcio o la nulidad matrimonial y presentar un escrito reclamando los importes atrasados, concretando en el mismo, de forma detallada, los meses que se adeudan.

De la misma manera, el progenitor perjudicado podrá reclamar en el mismo acto la actualización de las pensiones devengadas (según el IPC u otro sistema de actualización previsto en la sentencia), debiendo, del mismo modo, especificar las sumas y periodos que se le deben por este concepto.

Recibida la petición anterior, el juez dará traslado de la reclamación formulada por el cónyuge acreedor de la pensión al cónyuge deudor de la misma, a fin de que este pueda realizar las manifestaciones que considere oportunas.

El cónyuge obligado al pago podrá oponerse a la ejecución interesada por la parte adversa alegando haber abonado total o parcialmente las cantidades que le exigen o, en su caso, probando que la reclamación al mismo efectuada en concepto de atrasos no se corresponde con la realmente debida, por ejemplo, por adolecer la primera de error aritmético en su cálculo o por estar la misma basada en actualizaciones anuales mal computadas.

Hay ocasiones en que el cónyuge acreedor no inicia los trámites judiciales para cobrar las pensiones debidas por el otro cónyuge hasta varios años después de que este dejó de abonarlas. En estos casos, el deudor podrá negarse a pagar, por prescripción de la acción ejercitada, aquellas mensualidades debidas en concepto de pensión de alimentos y/o compensatoria cuya exigibilidad haya superado los cinco años. Es decir, que llevan más de esos años debiéndose sin haber sido reclamadas.

Por el contrario, y en términos generales, no prosperarán las alegaciones vertidas por el cónyuge deudor según las cuales ha dejado de abonar la pensión a la que estaba obligado por haber sufragado a cambio gastos varios que el hijo ha precisado (ropa, ordenador, viajes de ampliación de estudios). El obligado al pago deberá abonar la cantidad fijada en sentencia, entendiéndose aquellas compras que ofrezca a su hijo como un acto de liberalidad, como si de un regalo se tratara.

Suele ser muy frecuente que, en el transcurso de los años, la situación económica y familiar de los progenitores varíe considerablemente: por carecer o haber disminuido los ingresos del pagador o incrementado los del perceptor, por aumentar el deudor sus cargas familiares al haber tenido otros hijos de una nueva unión sentimental, etc. En el supuesto de que se haya alterado la proporcionalidad existente, en relación a cuando se dictó la sentencia, entre los medios entre quien paga la pensión y las necesidades de quien la recibe, el interesado deberá iniciar un procedimiento de modificación de sentencia (véase el capítulo «Modificación de las medidas acordadas en sentencia») solicitando que se establezca un aumento o una minoración de la cuantía a abonar, no pudiendo, no obstante, dejar de pagar o disminuir la cuota a ingresar por propia decisión. En todo caso, si así lo hiciera, el cónyuge perjudicado por tal actuación unilateral podrá recurrir a la vía judicial en defensa de sus derechos.

Acudiremos a un ejemplo para aclarar los puntos expuestos. Supongamos que el señor S debe abonar a la señora Z 240 euros al mes en concepto de alimentos en favor de su hijo, pero el señor S ha dejado de ingresar el citado importe toda vez que ha perdido su puesto de trabajo y sus ingresos económicos se han visto reducidos al cobro de una prestación por desempleo, que destina a cubrir sus necesidades básicas y, con lo poco que le sobra, compra ropa y juguetes a su hijo. En este caso, el señor S estaría obligado a continuar pagando los 240 euros mensuales a la señora Z hasta el momento en que, una vez instado un procedimiento judicial solicitando que se modifique la cuantía a pagar atendiendo a su nueva situación económica, un juez acordare que la nueva prestación a pagar se reducirá, por ejemplo, a 150 euros mensuales. Además, el dinero que el señor S hubiere gastado en compras de objetos varios para su hijo no se podría deducir de las cantidades adeudadas en concepto de alimentos en favor del mismo.

Igual tratamiento debemos darle a los supuestos en que, transcurrido un periodo de tiempo durante el cual uno de los progenitores ha estado abonando determinada cantidad a favor de sus hijos menores de edad, estos cumplan los dieciocho años. El hecho de que los hijos alcancen la mayoría de edad no implica que deba cesar de modo inmediato y sin más trámite la obligación de abonar la pensión de alimentos a favor de tales hijos. Antes al contrario, esta deberá mantenerse salvo acuerdo entre las partes, o que el progenitor interesado inste el oportuno procedimiento judicial solicitando la supresión o reducción de la misma, atendida la nueva coyuntura familiar. Al respecto deben tenerse en consideración las manifestaciones ya expuestas en el capítulo precedente con relación a los alimentos en favor de hijos mayores de edad.

Cabe añadir que la prestación alimenticia deberá abonarse mensualmente sin que quepa dejar de abonar aquella que corresponda al mes de vacaciones estivales o parte proporcional de tiempo que el hijo conviva, en el ejercicio del derecho de visitas, con el cónyuge pagador de la pensión.

Finalmente, debemos hacer mención expresa a que el hecho de que el progenitor que ostenta el derecho de visitas y es a la vez obligado al pago de la pensión alimenticia no ejerza efectivamente por propia voluntad o por impedirlo el cónyuge que resida junto a los hijos el derecho de visitas que tiene concedido no implicará que se encuentre amparado para dejar de abonar la cantidad concedida en concepto de alimentos. En el supuesto de que sea el cónyuge que viva con el hijo el que se niegue, de modo ilegítimo, a facilitar el cumplimiento del régimen de visitas establecido, el progenitor perjudicado deberá acudir a la vía judicial en defensa de sus intereses, mas no podrá unilateralmente suprimir el abono de las pensiones establecidas legalmente.

En función de las alegaciones formuladas y probadas por las partes (en pro o en contra de modificar las cuantías de las pensiones a pagar en concepto de alimentos o pensión compensatoria), el juez resolverá fijando, en su caso, las cantidades que a partir de ese momento se devengarán, modificando o no las ya inicialmente previstas.

Dicha decisión judicial podrá ser recurrida por la parte que se halle en desacuerdo con la misma, pese a que ello no suspenderá los efectos de la misma hasta que se dicte nueva sentencia, en cuyo momento entrará en vigor los efectos establecidos en esta segunda resolución.

Si el cónyuge deudor sigue sin pagar las cantidades debidas, el juez podrá imponerle una multa mensual (que podrá ascender al 20% de la cantidad mensual adeudada) o única (podrá ascender al 50% del total adeudado) y además decretar el embargo de bienes del deudor en la proporción necesaria hasta cubrir las cantidades pendientes de satisfacer por el mismo. La parte que pretende el cobro de las pensiones impagadas podrá designar los bienes del moroso a embargar, siendo estos más frecuentemente el salario o pensiones que perciba el obligado al pago o los bienes inmuebles propiedad del mismo.

Si no se pagan pensiones el juez podrá embargar los bienes del moroso.

En el caso de embargo de un bien mueble o inmueble, si persiste el impago, se iniciará un procedimiento tendente a subastar el bien embargado, a fin de que con el montante que se obtenga en la subasta pueda hacerse cobro el cónyuge deudor. Para ello, previamente al mismo acto de la subasta, tendrán que valorarse económicamente los bienes embargados, con lo cual, tratándose de bienes inmuebles, será básico conocer las cargas que afecten al mismo (la existencia de una hipoteca sobre el piso o el hecho de que el inmueble se halle alquilado serán las más comunes). Para averiguar si sobre el bien inmueble pende alguna carga, acudiremos al Registro de la Propiedad en el que el inmueble esté inscrito donde nos informarán al respecto.

Incumplimiento del régimen de visitas

Como ya se ha indicado en las páginas anteriores, será el juez quien fije el régimen de visitas que regulará las relaciones paterno-filiales entre los hijos y el progenitor que no ostente su guarda y custodia. El juez, en su resolución, establecerá cuándo el padre no custodio podrá permanecer en la compañía de su hijo.

No obstante, a pesar de que exista un pronunciamiento judicial al respecto, no debe concebirse el régimen de visitas establecido por la autoridad judicial como una fórmula encorsetada y rígida que hay que cumplir forzosamente, y en todo caso, sin relajación o modificación alguna.

Los propios padres, a tenor de las necesidades concretas del momento, podrán acordar entre ellos modificaciones de mayor o menor entidad del régimen de visitas judicialmente establecido. Ello ocurrirá así siempre y cuando coincidan las voluntades de ambos. En el supuesto de que los padres discutan sobre el modo en cómo llevar a la práctica el derecho del progenitor no custodio a visitar a sus hijos, y no alcancen ningún acuerdo en cuanto a ello, deberán atender escrupulosamente a la decisión judicial.

A título de ejemplo, imaginemos que el fallo judicial establece que el hijo permanecerá junto a su padre los fines de semana alternos desde el viernes a la salida del colegio hasta los domingos por la tarde, y no obstante, el hijo realiza actividades deportivas, hasta avanzada la tarde de los viernes, en un centro diferente al que habitualmente cursa sus estudios. Teniendo en cuenta que, debido a las actividades formativas del hijo, no será posible atender lo dispuesto en la sentencia, los padres podrán acordar, sin necesidad de consentimiento judicial, que la recogida del menor se efectúe los sábados por la mañana en casa del progenitor con el que conviva, permaneciendo con el hijo el padre con derecho a visitas hasta los lunes por la mañana, cuando lo acompañará al colegio.

El derecho de visitas no debe entenderse únicamente como una prerrogativa encaminada a satisfacer los intereses exclusivos del progenitor no custodio, sino también como una obligación exigible al mismo. Se constituye como un deber del progenitor permanecer temporalmente junto a sus hijos, encaminado a cubrir las necesidades afectivas de los niños y a garantizar unas relaciones paterno-filiales estables.

En la práctica, el cumplimiento efectivo del régimen de visitas establecido judicialmente puede acarrear tensiones y discusiones entre los padres del menor. En tales casos será preferible que las propias partes implicadas solucionen los problemas generados de forma amistosa, intentando que no influyan sus diferencias personales en el normal desarrollo emocional del hijo. Mas, en ocasiones, será preciso acudir al auxilio judicial a fin de normalizar y garantizar el efectivo cumplimiento del régimen de visitas establecido en sentencia.

Cualquiera de los progenitores puede acudir frente la autoridad judicial en defensa de sus intereses, tanto el progenitor con quien convivan los hijos como el que ostente el derecho a visitarlos.

Si es el cónyuge que ostenta la guarda y custodia el que acude a la vía judicial, generalmente su motivación se hallará en el reiterado incumplimiento por parte del progenitor no custodio del régimen de visitas establecido (no viene a ver al niño) o en su cumplimiento de un modo tan discrecional y aleatorio que dificulta la aplicación práctica del régimen establecido (es decir, viene a recoger al niño en días y horas diferentes a las establecidas judicialmente).

Si nos encontramos en la situación contraria, en aquellos supuestos en que sea el padre con el que el niño no convive aquel que se vea necesitado de acudir al auxilio judicial con el objetivo de hacer valer sus derechos, generalmente alegará la imposibilidad de visitar a sus hijos frente a la negativa del padre custodio de facilitar tales encuentros.

Ante todas las problemáticas que puedan suscitarse, tras escuchar las alegaciones de ambas partes, el juez resolverá adoptando las medidas que considere oportunas en aras a garantizar el efectivo cumplimiento del régimen de visitas establecido en la sentencia.

Si se incumple el régimen de visitas el juez puede acordar la entrega de los hijos al otro cónyuge.

En el caso de que, aun a pesar de que exista resolución judicial al respecto, cualquiera de los cónyuges siga incumpliendo el régimen de visitas establecido, el juez podrá imponer una multa mensual al cónyuge infractor durante todo el tiempo que sea necesario e igualmente acordar la modificación del propio régimen de guarda y custodia o de visitas, y todo ello sin perjuicio de que el juzgador considere oportuno adoptar resoluciones tales como que se proceda a la entrega forzosa de los niños con intervención de la fuerza pública, que los niños sean entregados en un punto de encuentro imparcial que supervise la corrección de la entrega (hay poblaciones con centros especializados), previéndose también la posibilidad de que el cónyuge que se reitere en su incumplimiento se vea acusado de un posible delito de desobediencia grave a la autoridad judicial (tramitándose el oportuno procedimiento al efecto en la vía jurisdiccional penal). Estas medidas, extremadamente graves, se adoptarán únicamente en supuestos extremos en que puedan resultar justificadas.

La vivienda, negativa a su abandono

Bajo este epígrafe haremos referencia a las posibles actuaciones y soluciones a adoptar en el supuesto de que el cónyuge, al cual no se le ha concedido el uso de la vivienda familiar en una resolución judicial (en medidas provisionales o sentencia), se niega a abandonarla.

Ante esta problemática el cónyuge perjudicado deberá acudir al juzgado solicitando se proceda a realizar las actuaciones oportunas para asegurar el desalojo de la vivienda por parte del cónyuge a quien no le ha sido otorgado el uso de esta.

La negativa al abandono del hogar familiar se castiga con multa y con orden de desalojo de la vivienda.

En estos supuestos, el juez generalmente acordará requerir al cónyuge que se niega a abandonar el hogar familiar, para que proceda efectivamente a dar cumplimiento a la orden judicial de desalojo. Y en el supuesto de que este no lo hiciera, el juez podrá imponerle una multa e iniciar los trámites tendentes a garantizar el lanzamiento o expulsión del cónyuge incumplidor del domicilio, a cuyo fin podrá recurrir, en el supuesto de que sea necesario, al auxilio de la fuerza policial.

Gastos extraordinarios

El progenitor no custodio, abonando el importe fijado en sentencia en concepto de alimentos en favor de los hijos, contribuye, en la medida que se ha considerado por el juez oportuna, en el sostén económico que precisan los hijos. No obstante, en ocasiones pueden generarse situaciones concretas en que por motivos diversos deban realizarse aportaciones económicas extraordinarias. En tales casos, el cónyuge que ostenta la guarda y custodia puede dirigirse al cónyuge no custodio para solicitar que este contribuya, generalmente al 50 %, a sufragar el gasto extraordinario.

Es aconsejable que sean los propios progenitores quienes de común acuerdo decidan en qué medida colaborarán cada uno en el abono de la cantidad extraordinaria a desembolsar.

En el supuesto de que finalmente no se alcanzare acuerdo al respecto, podrán los progenitores acudir ante la autoridad judicial, la cual, tras oír la versión de cada uno de ellos y atendiendo a la naturaleza del gasto, acordará si realmente el mismo es extraordinario y, en tal caso, decidirá en qué proporción abonarán los padres el coste del mismo.

Para que un gasto pueda considerarse extraordinario y el cónyuge no custodio del hijo se pueda ver obligado a abonarlo, será preciso que dicho desembolso no obedezca a un mero capricho o comodidad del hijo, sino que deberá considerarse necesario para su correcto desarrollo físico o psíquico.

La casuística de lo que puede entenderse o no un gasto extraordinario es muy grande. Parece que tal consideración la tendrán los gastos odontológicos y demás tratamientos médicos de especial relevancia cuando los mismos no quedaren cubiertos por la Seguridad Social. Mayor dificultad tendrá la calificación de aquellos importes devengados a consecuencia de atención médica privada, debiéndose examinar la razón o motivo de recurrir a la misma.

Por el contrario, como criterio general, deberá rechazarse que la realización de actividades extraescolares (deportivas o incluso culturales) o el seguimiento de cursos en el extranjero de perfeccionamiento de idiomas ostenten la calificación de gastos extraordinarios, y ello, no por cuanto no sean gastos atípicos o no habituales, sino porque los mismos no hallan su fundamento en ninguna causa de necesidad.

A pesar de lo dispuesto con anterioridad, recuérdese que los alimentos fijados en favor de los hijos se calcularán en atención a las necesidades de los mismos y a las posibilidades del progenitor obligado a abonarlos. Por ello, el seguimiento de actividades extraescolares desarrolladas con carácter habitual por el hijo al momento de la ruptura matrimonial podrá ser considerado a la hora de establecer una mayor cuantía a abonar en concepto de alimentos.

Son extraordinarios los gastos atípicos pero necesarios para el correcto desarrollo del hijo.

Así pues, como conclusión, habrá que atenerse a la necesidad o aleatoriedad del gasto para calificarlo o no como extraordinario.

Liquidación de la sociedad de gananciales

Declarada la disolución del régimen económico-matrimonial de gananciales en sentencia de separación, divorcio o nulidad, deberemos proceder a su liquidación, o lo que es lo mismo, al efectivo reparto de los bienes comunes de los esposos obtenidos por los mismos durante la vigencia de su matrimonio.

Según el propio legislador especifica, la participación de cada cónyuge en la masa ganancial será del 50 %. Sin embargo, ello no quiere decir que cada esposo tenga derecho al 50 % de todos y cada uno de los bienes, sino que ostentará el derecho a percibir el 50 % del total de los bienes comunes, valorados y repartidos según un proceso que se dirá en los próximos párrafos. De no ser así, llegaríamos a la absurda situación de tener que dividir bienes indivisibles, tales como un coche, un abrigo de pieles, una obra de arte, etc., o proceder a la venta de cada uno de los bienes a fin de atribuir el 50 % del dinero obtenido en cada ocasión al esposo y a la esposa.

Puede ocurrir que los cónyuges implicados lleguen a un acuerdo sobre el modo en que distribuirán entre ellos los bienes que integraban la masa ganancial, en cuyo caso plasmarán su decisión en un documento que se aportará ante el juez a fin de que sea aprobado por el mismo.

Cabe también la postura contraria, cuando nos encontremos en situaciones en las que existan discrepancias entre ambos cónyuges que impidan una solución pactada. En estos casos deberemos acudir a un procedimiento judicial, contencioso, que resolverá entre las posturas de ambas partes. También pueden alcanzar un acuerdo durante la tramitación de dicho proceso litigioso.

La sentencia judicial que ha decretado la disolución de régimen de gananciales puede a su vez acordar la liquidación del mismo o realizar alguna apreciación o valoración en el modo en que esta ha de llevarse a cabo. Sin embargo, y de modo especial en los supuestos en que dicha masa patrimonial no sea de proporciones reducidas y, además, posea elementos patrimoniales de diferente naturaleza (inmuebles, acciones, objetos de arte, joyería, etc.), acudiremos a la fase de ejecución de sentencia para proceder, tras la realización de los trámites legalmente oportunos, al efectivo reparto a cada uno de los esposos y al 50 % del patrimonio existente en la masa ganancial.

Será competente para conocer este nuevo proceso el mismo juez que acordó la separación o el divorcio, el cual acordará citar a ambas partes para que comparezcan ante el mismo con el objeto de formar un inventario en el que se determinará con exactitud cuál es el activo y pasivo de la sociedad ganancial.

Expondremos a continuación los bienes que deben computarse en el activo y las deudas que se contemplarán en el pasivo del citado inventario.

Activo del inventario: bienes y derechos

Son los siguientes:

a) Aquellos que ostenten la cualidad de gananciales y existan en el momento de la disolución. Es decir, los bienes que los esposos adquirieron a partir de la celebración de su matrimonio y que continúan formando parte de la masa ganancial en el momento de la disolución del régimen económico.

b) El importe actualizado del valor que tenían los bienes al ser enajenados por negocio ilegal o fraudulento, si no hubieran sido recuperados. Bajo este enunciado se alude a aquellas situaciones en las que uno de los esposos se ha desprendido de un bien, a través de venta, donación, cesión u otro negocio jurídico desarrollado de modo ilegal o fraudulento, y ello ha comportado una pérdida patrimonial a la sociedad de gananciales, y en consecuencia también ha perjudicado los intereses del cónyuge ajeno a tal error.

Veamos un ejemplo. Supongamos una comunidad de gananciales del matrimonio formado por el señor M y la señora Z que tiene en su haber, entre otros bienes, un bien inmueble que el señor M, cegado por sus malas relaciones con la señora Z, decide vender a una tercera persona por una cantidad irrisoria para, una vez disuelta la sociedad ganancial, comprárselo de nuevo a esta, gozando esta vez el inmueble la condición de bien privativo, y ello con la finalidad de que los derechos de la señora Z en el momento de la efectiva liquidación de la sociedad se vean perjudicados. En consecuencia, la señora Z no percibiría los beneficios que le corresponderían por ser propietaria del 50 % de ese bien inmueble. De ocurrir los hechos de tal modo, a la señora Z le podría interesar la inclusión en el activo de la sociedad ganancial del valor actualizado de ese bien inmueble una vez deducido el precio, que aunque mínimo, se percibió por la venta y que ya acrecentó la masa patrimonial de los esposos.

c) *El importe de las cantidades pagadas por la sociedad de gananciales que fueran de cargo sólo de uno de los cónyuges y en general de aquellas deudas que constituyen créditos de la sociedad contra este.* Puede darse la circunstancia de que uno de los esposos sea propietario de un bien por haberlo adquirido con anterioridad a la celebración del matrimonio, pero habiéndose pagado parte del precio aplazado después de este. En este caso, al disolverse la sociedad, el cónyuge propietario del bien deberá rembolsar a la masa ganancial el importe del precio del mismo que se pagó una vez ya contraído el matrimonio.

De no procederse de este modo se estaría creando un perjuicio a la masa común de los esposos por cuanto la misma habría disminuido, en la cuantía abonada, en concepto de adquisición de un determinado bien, sin que dicho objeto adquirido pasase a formar parte de la misma (ya que será privativo de uno de los cónyuges).

En este apartado también cabría hacer referencia a otro supuesto relacionado con la adquisición de acciones de una sociedad en virtud del derecho de suscripción preferente. Establece el legislador que las nuevas acciones u otros títulos o participaciones sociales suscritos como consecuencia de la titularidad de otros previos que fueren privativos de uno de los esposos (por ejemplo, por haberlos heredado) tendrán igualmente el carácter de privativos. No obstante, si para el pago de estos nuevos títulos adquiridos se hubiesen empleado fondos comunes, el importe de los mismos deberá devolverse a la sociedad ganancial.

Con todo ello se pretende que el cónyuge que ha aumentado su patrimonio a costa de disminuir la masa ganancial restituya los importes con los que se ha beneficiado ya que, de modo contrario, se perjudicarían los intereses del esposo que no ha adquirido bien alguno.

Pasivo: deudas y cargas

Son las siguientes:

a) *Las deudas pendientes a cargo de la sociedad.* Se trata de aquellas deudas contraídas por los esposos para sufragar los gastos originados, a consecuencia de la vida familiar o con motivo de la gestión del patrimonio e intereses económicos de los propios cónyuges, y que, a la fecha de liquidar el régimen económico-matrimonial, se encuentren todavía pendientes de abonar.

A su vez, el acreedor de las deudas que estamos comentando podrá ser uno de los dos cónyuges o un tercero (cualquier persona jurídica o física, que en este último caso no será ninguno de los dos cónyuges).

Cuando el acreedor fuera uno de los cónyuges, nos hallaríamos en el supuesto inverso al tercer punto de los bienes que constituyen el activo. Estamos haciendo referencia a las situaciones en que la sociedad adeuda, por cualquier motivo, una cantidad determinada a uno de los esposos sin que al momento de liquidar la sociedad ganancial haya sido hasta el momento satisfecha.

b) El importe actualizado del valor de los bienes privativos (propiedad exclusiva de uno de los cónyuges) cuando los mismos hayan sido deteriorados o gastados en el beneficio de ambos esposos. Aquí nos referimos a aquellos supuestos en que los esposos han vendido un bien privativo y con el dinero han adquirido un bien ganancial, así como aquellos casos en que los esposos han estado usando un determinado bien privativo (por ejemplo, un coche propiedad en exclusiva de uno de los esposos) para satisfacer las necesidades familiares. Ante tales circunstancias, cabrá incluir en el momento de inventariar, como una deuda más a cargo de la sociedad, el importe actualizado de ese bien vendido o deteriorado.

c) El importe actualizado de las cantidades que, habiendo sido pagadas por uno de los cónyuges, fueran a cargo de la sociedad, y en general, las que constituyan créditos de los cónyuges a la sociedad. Este epígrafe hace referencia a las relaciones establecidas entre el cónyuge y la sociedad ganancial, pronunciándose en la misma línea argumental que se ha comentado con anterioridad. A tenor de la ley, se establece la necesidad de deducir de la masa ganancial aquellas cantidades que deberían haberse reducido de la misma para satisfacer gastos diversos y que, por cualquier motivo, se abonaron con cargo a los bienes privativos de uno de los esposos.

Una vez terminada la constitución del inventario por el juzgado, se adoptarán las medidas oportunas para garantizar la correcta administración de los bienes comunes de los esposos durante el tiempo que dure el proceso de liquidación de la masa ganancial, y cualquier parte podrá solicitar la liquidación del régimen matrimonial y aportar una propuesta de liquidación del patrimonio.

A partir de ese momento, precisaremos de la intervención del denominado *contador*, cuya labor consistirá en realizar las operaciones divisorias precisas para que, una vez deducidas las deudas existentes, el sobrante pueda ser adjudicado por mitad a cada uno de los esposos. El contador podrá ayudarse de la asistencia de un perito, que cuantificará el valor de los bienes de la masa ganancial.

Así pues, con la intervención de tales profesionales se pretende, por un lado, determinar el importe al que asciende la masa común de los esposos, y por otro, proceder a la equitativa división de la misma en dos mitades para otorgar cada una de ellas a uno de los esposos.

Los contadores y peritos plasmarán sus conclusiones en un documento que se pondrá en conocimiento de ambas partes para que puedan formular las alegaciones que crean oportunas.

En la liquidación del régimen de gananciales se formará un inventario, un perito valorará los bienes, un contador realizará las operaciones divisorias y el juez adjudicará la mitad a cada uno.

Si ambos cónyuges manifiestan su conformidad a la propuesta contenida en el cuaderno particional, o no manifiestan su oposición a la misma, el juez dictará acordando de conformidad con lo dispuesto en el proyecto indicado. Si, por el contrario, alguna o ambas partes disienten del contenido de dicho cuaderno, y las partes no logran finalmente superar sus diferencias, las discrepancias surgidas deberán continuar discutiéndose en una comparecencia que se celebrará delante del juez, en la que expondrán sus pretensiones y probarán las mismas.

En este punto debemos hacer referencia a las pautas que se habrán seguido a la hora de cuantificar el montante al que asciende la masa ganancial.

Una vez conocidos los activos que conforman la masa patrimonial, se deducirán las deudas que la misma soporte. Para ello, primeramente se abonarán las deudas alimenticias, que en todo caso tendrán preferencia. Con posterioridad se pagarán las deudas contraídas frente a terceros y finalmente aquellas que la sociedad tenga con los propios cónyuges.

Para hacer los citados pagos, se recurrirá a las cantidades en metálico existentes en la masa ganancial. De no cubrirse con el dinero de los esposos la totalidad de las deudas, los acreedores de las mismas podrán cobrar sus créditos adjudicándose bienes gananciales (que de ostentar condición de gananciales pasarán a ser propiedad del acreedor) o podrán promover la enajenación de estos bienes gananciales para hacerse cobro de las deudas a partir del importe obtenido de dicha enajenación.

Veamos un ejemplo. Si el señor B cobra una deuda de 6.000 euros de los esposos A y G, y estos poseen únicamente 1.800 euros en metálico, este importe se destinará a pagar la deuda contraída por los cónyuges frente al señor B, el cual podrá hacerse cobrar de los restantes 4.200 euros atribuyéndose, por ejemplo, el vehículo propiedad de A y G valorado en dicho importe, o instar la venta del mismo para que los 4.200 euros obtenidos por esta transmisión sean entregados a su acreedor.

Una vez ya pagadas las deudas y cargas de la sociedad frente a todos sus acreedores, el remanente se dividirá por la mitad y se entregará el 50% del mismo a cada uno de los esposos. Con todo, cada cónyuge tendrá derecho a que se incluya, con preferencia en su haber o porción, una serie de bienes cuya proximidad a los mismos reconoce el legislador.

Se computan, dentro de la citada categoría de bienes a imputar preferentemente en favor de un determinado cónyuge, sus ropas y objetos de uso personal que no tengan un valor extraordinario, y el local, explotación agrícola, comercial o industrial, en la que uno de los esposos haya venido ejerciendo su actividad laboral.

Cabe añadir de igual modo que, si durante la tramitación de la liquidación de la masa ganancial falleciese uno de los cónyuges, el superviviente tendría derecho, frente a los herederos del finado, a que se le atribuyere la vivienda donde tuviese la residencia habitual.

Modificación de las medidas acordadas en sentencia

Es evidente que las circunstancias que en su día fueron determinantes para que el tribunal adoptara una determinada decisión acerca de la guarda y custodia de los hijos, el régimen de visitas de estos, el uso de la vivienda o el importe de la pensión pueden variar con el tiempo y que, por tanto, deben ser modificadas a petición de los interesados en ello.

Como ya hemos comentado en numerosas ocasiones, la sentencia que establezca la separación, el divorcio o la nulidad fijará también las pautas o normas que regularán en el futuro las nuevas relaciones personales y económicas de los dos cónyuges que han sido parte en ese procedimiento matrimonial.

Estas pautas o medidas acordadas en sentencia regularán tanto el uso del domicilio familiar como cuestiones referidas a la guarda y custodia de los hijos sujetos a patria potestad, el derecho de visitas, las pensiones económicas en favor de los mismos o por uno de los cónyuges, etc.

La vigencia de las medidas acordadas en sentencia judicial firme es ilimitada en el tiempo. Salvo que la propia resolución establezca lo contrario (por ejemplo, cuando se limite el plazo a percibir pensión compensatoria por uno de los esposos a tres años), las medidas que establezca la sentencia se aplicarán indefinidamente, sin que por el mero transcurso del tiempo tales medidas puedan perder eficacia.

No obstante, las situaciones personal y patrimonial de cada uno de los miembros de la familia podrán variar con el paso de los años, lo que podrá implicar la necesidad de cambiar determinadas medidas acordadas en sentencia.

Así por ejemplo, llegará un día en que los hijos que en el momento del divorcio de sus padres eran menores de edad cumplan los dieciocho años y/o se independicen, que el cónyuge pagador tenga nuevos hijos con tercera persona, y por tanto le aumenten las cargas familiares, que los ingresos del cónyuge obligado al pago de la pensión por alimentos aumenten o disminuyan, que varíen las necesidades de los hijos, que el cónyuge perceptor de una pensión compensatoria acceda a un puesto de trabajo que le permita sufragar sus propios gastos o incluso contraer nuevo matrimonio...

En definitiva, que si las circunstancias en atención a las cuales se dictó la sentencia originaria hubieran variado por el transcurso del tiempo, podría suceder que se hubieran convertido en inadecuadas las medidas que en su momento se acordaron.

Ya que el juez, en el momento de pronunciar su sentencia, tomó en consideración la situación familiar vigente en aquel instante, modificada esta, el legislador prevé la posibilidad de que también puedan variar las medidas que se acordaron en dicha sentencia.

No obstante, para formalizar cualquier cambio o variación de una o varias de las medidas o efectos acordados en sentencia, deberemos acudir nuevamente al amparo judicial.

Será indiferente si la sentencia que deseamos modificar se dictó a consecuencia de un procedimiento de separación o divorcio contencioso o de mutuo acuerdo. Es decir, tanto si la resolución judicial fue dictada a raíz de un pacto alcanzado entre los esposos como si fue el resultado final de un procedimiento basado en la discusión protagonizada entre los mismos, cabrá solicitar la modificación de lo previamente acordado.

La parte que considere que se ha producido una variación de circunstancias deberá instar ante los tribunales un procedimiento que denominaremos de *modificación de medidas definitivas*.

Si ambas partes consideran oportuno modificar las medidas adoptadas en su día, y están de acuerdo sobre el modo en que se producirá la variación, podrán acudir de común acuerdo ante la autoridad judicial competente con la finalidad de que se les reconozca el pacto alcanzado entre las mismas.

Debemos ya dejar claro que las modificaciones a las que nos estamos refiriendo no podrán ser adoptadas unilateralmente por el esposo que las pretenda. Ha de desecharse esta posibilidad. Es más, en el caso de que uno de los esposos decidiese por propia voluntad incumplir alguna de las medidas acordadas en sentencia, aunque el mismo se basase en una modificación sustancial de las circunstancias personales o familiares, el otro esposo podría acudir a la vía judicial para asegurarse su cumplimiento.

El pago de las pensiones alimenticias tiene carácter preferente.

Veamos un ejemplo: si el señor T debe abonar una cantidad mensual a la señora N en concepto de alimentos de su hija y esta alcanza la mayoría de edad, el señor T podrá solicitar judicialmente que se suprima o se disminuya la obligación de pagar la cantidad fijada en sentencia, pero no podrá dejar de ingresar la cuantía a cuyo pago está obligado por propia decisión.

En el caso de que lo hiciera, la señora N podrá solicitar al juzgado que se adopten las medidas oportunas para garantizar el cobro de las cantidades indicadas, pudiendo multarse al señor T e incluso embargársele el sueldo o demás bienes.

A continuación estudiaremos los procedimientos legalmente establecidos para obtener la modificación de los efectos de una sentencia, para finalmente analizar brevemente algunos supuestos ante los cuales podrá ser necesaria o conveniente efectuar las mencionadas modificaciones.

Procedimiento

Los esposos pueden estar o no de acuerdo en la necesidad de modificar las medidas acordadas en sentencia.

En el supuesto de que ambos consideren conveniente modificar la sentencia dictada en alguno o varios extremos y estén de acuerdo en relación con las nuevas medidas a adoptar, podrán acudir a la vía judicial a fin de que gracias al juez competente se reconozca la modificación acordada entre ambos.

En estos casos el procedimiento a seguir será el mismo que se ha previsto para la tramitación de un procedimiento de separación o divorcio de mutuo acuerdo. Recordaremos a continuación brevemente los trámites, adaptándolos a las circunstancias que implican una modificación de medidas, remitiéndonos al capítulo «La separación» para un estudio más detallado.

Se presentará una demanda ante el juzgado, a la cual se unirá un convenio regulador en que se especifique la alteración de las circunstancias y la variación de las medidas pretendidas para adecuarlas a la nueva realidad. Con posterioridad, el juzgado citará a los cónyuges para que se ratifiquen ante sus dependencias en el convenio regulador previamente suscrito por los esposos, tras lo cual dictará la sentencia.

No obstante, si los esposos tuvieren en aquellos momentos hijos que todavía son menores de edad o incapacitados, previamente a dictar sentencia, el juez comunicará al ministerio fiscal la modificación interesada por los padres, el cual revisará que los intereses de los hijos queden salvaguardados con la modificación solicitada.

En la práctica, sin embargo, las demandas de modificación de medidas adoptadas en sentencia responden más a situaciones de desacuerdo de los cónyuges, en las que mientras según el punto de vista de uno de ellos se hallaría fundamentada una modificación, a tenor del otro, la misma no procedería, o de hacerlo, en un sentido diverso al pretendido por el cónyuge que la desea.

En estos casos, el procedimiento a seguir de cara a obtener la modificación de medidas será el mismo que se indicó para los supuestos en que se pretendía una separación o divorcio contencioso. Al igual que lo efectuado con anterioridad, nos remitimos a los comentarios expuestos en el capítulo «La separación», realizándose a continuación un breve resumen del procedimiento que debe emplearse.

El esposo que desee modificar el régimen de medidas establecido en la sentencia de separación deberá presentar un escrito de demanda ante el juzgado contra el otro esposo en el que se expondrá la variación que se pretende, motivándose las razones en que se basa la necesidad de tal modificación.

El juzgado pondrá en conocimiento de la parte demandada (el otro cónyuge) la reclamación efectuada contra el mismo, y señalará una fecha en que se celebrará una vista en la que las partes formularán sus alegaciones, propondrán y practicarán las pruebas oportunas en ese mismo acto en los próximos días.

Finalmente, el juez dictará sentencia, en la cual resolverá motivadamente sobre la procedencia o no de la modificación solicitada por la parte actora.

En el supuesto de que alguna o ambas partes no estuvieran de acuerdo con lo dispuesto en esta sentencia, tendrán la posibilidad de recurrir la misma ante un órgano judicial superior, quien, tras estudiar el expediente ya tramitado, dictará nuevo pronunciamiento resolviendo definitivamente.

Los efectos fijados en la sentencia de separación o divorcio se pueden modificar si varían las circunstancias.

Por último, cabe también que las partes soliciten medidas provisionales derivadas de la admisión a trámite de la demanda de modificación de medidas definitivas de separación o divorcio. Esto es, mientras se tramita el procedimiento principal de modificación definitiva de medidas, se tramitarán unas medidas que estudiarán provisionalmente la conveniencia de la modificación de las mismas. Dichas medidas provisionales y el procedimiento para su obtención son las mismas que ya estudiamos al principio de este libro en el capítulo denominado «Medidas provisionales previas o simultáneas a la demanda» en su apartado «Medidas provisionales derivadas de la admisión de la demanda de nulidad, separación o divorcio», remitiéndonos a lo comentado en el mismo. La finalidad de estas medidas provisionales es obtener una resolución rápida sobre la conveniencia de la modificación de las medidas, sin perjuicio de un estudio más detallado y en profundidad que se producirá en el procedimiento principal cuya tramitación puede demorarse más en el tiempo, sobre todo si la sentencia llegara a ser recurrida. Las medidas provisionales serán sustituidas por las definitivas una vez estas sean firmes.

Supuestos más habituales de modificación de medidas

Comentaremos a continuación algunos de los supuestos más habituales en que cualquiera de las partes se podrá plantear solicitar alguna modificación de las medidas acordadas en sentencia.

Ante cualquier petición (no consensuada entre las partes) en este sentido, el juez deberá valorar los argumentos a favor y en contra de conceder cualquier alteración de los efectos ya establecidos, adoptando finalmente en cada caso la solución que en el supuesto concreto considere más adecuada.

Supuestos relativos a la modificación de la guarda y custodia o del régimen de visitas

La modificación de la atribución de la guarda y custodia de los hijos sujetos a patria potestad supondrá que el esposo que la ostenta dejará de ejercerla en beneficio del otro progenitor que pasará a obtenerla. También podemos encontrarnos en que suponga el ejercicio de la guarda y custodia compartida.

Por su parte, la variación del régimen de visitas tendrá un carácter menos radical e implicará, por lo general, el incremento o disminución del mismo. En casos excepcionales, podrá significar incluso la suspensión temporal del régimen de visitas, pero ello únicamente ocurrirá cuando nos hallemos ante situaciones graves que aconseje tomar una medida tan drástica o cuando el padre o madre que goce del derecho de visita incumpla de modo reiterado los deberes impuestos en la resolución judicial.

La excepcionalidad de la posibilidad de suspender el régimen de visitas debemos hallarla, como se recordará, en que las mencionadas visitas no se prevén en interés tan sólo del progenitor que las lleva a cabo sino especialmente en beneficio del hijo, quien no puede verse perjudicado por la interrupción no fundada del régimen de visitas.

Los fundamentos en que se basará la modificación del régimen de visitas serán similares a aquellos en que se amparará una alteración de la atribución de la guarda y custodia.

Cuando alguna de las partes decide acudir a la vía judicial para solicitar que se modifique el progenitor que debe ostentar la guarda y custodia o se varíe el régimen de visitas, es frecuente que base sus argumentos en la falta de dedicación y atención al hijo por parte del cónyuge custodio, o por parte del cónyuge con derecho a visitas. En algunas ocasiones incluso se alegará la conducta desordenada del titular de tales derechos, la cual se considerará que no es la propia y adecuada de un padre o madre respecto a su hijo: hablaríamos de supuestos de malos tratos causados al menor, adicción del progenitor a sustancias estupefacientes o al alcohol, el ejercicio de actividades delictivas, etc.

Puede también darse el caso de que las circunstancias laborales del progenitor custodio impidan el ejercicio de las labores de guarda y custodia, o que los mismos motivos profesionales conviertan en inviable un régimen de visitas que podemos calificar de habitual (fines de semana alternos).

De este modo, podría proceder la modificación de la atribución de la guarda y custodia cuando aquel cónyuge que la ostenta se vería obligado a viajar constantemente, lo que le obligaría a pernoctar fuera del hogar habitualmente sin poder atender al menor en su justa medida.

Igualmente, por ejemplo, sería quizás aconsejable establecer un régimen de visitas exclusivamente intersemanal en favor de aquel progenitor que, habiendo encontrado trabajo como camarero, desempeña tales labores los fines de semana, librando sin embargo los lunes, durante los cuales puede permanecer junto a su hijo. Por el contrario, podrá ser conveniente eliminar las visitas intersemanales en aquellos supuestos en que el hijo objeto de las mismas cuando era un bebé haya alcanzado una determinada edad que no le permite compatibilizar dichos contactos con los estudios que está desarrollando.

Queremos también indicar que, por sí solo, no es motivo de alteración de la atribución de la guarda y custodia ni del régimen de visitas establecido en favor de un determinado progenitor el hecho de que este conviva con tercera persona (nueva relación sentimental), salvo que ello se demuestre perjudicial para los hijos.

Supuestos relativos a la modificación del uso de la vivienda familiar

Generalmente este tipo de variaciones son interesadas por el esposo que no tiene atribuido el uso del domicilio conyugal frente al cónyuge que reside en el mismo, persiguiendo el primero que se declare extinguido el uso atribuido al segundo o bien interesando que se limite temporalmente el mismo (estableciéndose un máximo de uno, dos, tres, o más años en que el cónyuge contrario podrá permanecer en el domicilio conyugal). Veamos algunas situaciones en que puede prosperar algún tipo de modificación.

Una de las posibles modificaciones más habituales en materia de uso del domicilio familiar se plantea, sobre todo si el titular del mismo es el cónyuge no custodio, cuando dicho domicilio fue atribuido a uno de los cónyuges para que residiera en él junto a los hijos y, a partir de cierto momento, se da la circunstancia de que estos han abandonado dicha residencia para pasar a vivir en vivienda distinta, restando en la misma ya únicamente el cónyuge.

En estos casos el juez valorará, a la hora de decidir, cuál de los dos esposos está en una situación más necesitada de protección, es decir, cuál de ellos tiene mayores posibilidades de proveerse de otra vivienda, tomando en consideración especialmente los ingresos económicos que obtiene cada uno de ellos.

También podrá solicitar el cambio de atribución del uso de la vivienda familiar aquel esposo a quien no se le concedió su uso en la sentencia, cuando la vivienda permanezca desocupada por haberse trasladado a otro domicilio, por su propia voluntad, el cónyuge con derecho a residir en ella.

Supuestos relativos a la modificación de la pensión alimenticia

La modificación de la cuantía a abonar por un cónyuge al otro en concepto de pensión alimenticia en favor de los hijos se podrá plantear con la finalidad de reducir la misma; cuando hayan disminuido los ingresos del esposo obligado al pago (por haberse jubilado, hallarse en paro u otros motivos); cuando hayan aumentado sus cargas familiares (por el nacimiento de hijos a su cargo, fruto de otra relación sentimental) o incluso cuando lo que se incrementen sean los ingresos del progenitor con el que conviven los hijos (el cual habrá accedido a un empleo o bien habrán mejorado sustancialmente las condiciones económicas del que ya poseía).

Tendrá especial relevancia también, en aras a valorar la posible oportunidad de reducir la cuantía de la pensión alimenticia en favor de los hijos, el hecho de que los mismos hayan alcanzado la mayoría de edad, a cuyo fin deberemos atender igualmente si los mismos continúan estudiando, se encuentran buscando empleo o están trabajando, obteniendo con ello una remuneración.

De modo contrario a lo anterior, la pensión por alimentos en favor de los hijos podrá aumentarse si los ingresos del pagador se incrementan considerablemente o si los gastos que generen los hijos pasan a ser razonablemente superiores. Las necesidades del alimentado deberán ser siempre tomadas en consideración.

Parece lógico pensar que los gastos que pueda precisar un bebé serán inferiores a aquellos que generará un niño de diez años, pues si bien ambos deberán ser alimentados, el segundo tendrá unos gastos de educación (colegio, material escolar, actividades deportivas o culturales complementarias) y de ocio (cines, excursiones, asignación o paga semanal) de mayor entidad que los que pudiere generar un niño de corta edad.

Supuestos relativos a la modificación de la pensión compensatoria

Una de las modificaciones más habituales es la relativa al importe de la pensión que uno de los cónyuges debe satisfacer al otro.

Los cambios que pueden suscitarse en materia de pensión compensatoria pueden obedecer al deseo de cualquiera de los cónyuges de aumentarla o disminuirla, pero pueden basarse también en la mutua voluntad de los mismos de sustituirla por otras formas de pago. Iniciaremos la exposición fijándonos en esta última posibilidad.

En todo momento, y siempre y cuando ello obedezca a un acuerdo entre los dos cónyuges, estos podrán sustituir la pensión fijada judicialmente por una renta vitalicia (de por vida), por la entrega de uno o varios bienes, por la entrega de un capital (cantidad monetaria) o por la constitución de un derecho de usufructo sobre determinados bienes.

Veamos un ejemplo. Según establece la sentencia de divorcio, el señor A debe abonar a la señora C 250 euros mensuales en concepto de pensión compensatoria. En cualquier momento, el señor A y la señora C pueden acordar sustituir la citada pensión mensual por la entrega de un piso propiedad del señor A a la señora C, del cual será titular. A cambio cesará la obligación del señor A de pagar una pensión a la señora C.

También el señor A y la señora C podrán decidir que la pensión mensual de 250 euros se sustituirá por el cobro por parte de la señora C de una cantidad dineraria concreta y por una sola vez, o por la concesión a

**CIRCUNSTANCIAS ACAECIDAS CON POSTERIORIDAD
A LA SENTENCIA DE SEPARACIÓN**

SENTENCIA DE SEPARACIÓN

Si una parte incumple su contenido	Si se produce una modificación importante de las circunstancias que motivaron la sentencia	Si se reconcilian los cónyuges	Ambos cónyuges pueden solicitar el DIVORCIO (sin necesidad de alegar causa)
La otra parte puede acudir a procedimiento de EJECUCIÓN DE SENTENCIA	Ambas partes pueden acudir al PROCEDIMIENTO DE MODIFICACIÓN DE MEDIDAS	Pueden comunicar la reconciliación al juez	

favor de la señora C del derecho de habitar durante toda su vida en un piso titularidad del señor A (usufructo vitalicio). Con esta última solución, la señora C verá garantizada mientras viva las necesidades de vivienda que se le pudieren generar.

La sustitución, como su propio nombre indica, implica una variación en la forma de pago: cesa la obligación de uno de los cónyuges de abonar de la pensión compensatoria al otro cónyuge, el cual, a cambio, percibe un bien (dinerario o no) o un derecho.

Más frecuente es sin embargo que las modificaciones en materia de pensión compensatoria obedezcan la voluntad de alguno de los cónyuges de modificar la cuantía de la misma o incluso a suprimirla. En estos casos

**CIRCUNSTANCIAS ACAECIDAS CON POSTERIORIDAD
A LA SENTENCIA DE DIVORCIO**

```
                    ┌─────────────────────────────┐
                    │   SENTENCIA DE DIVORCIO      │
                    └─────────────────────────────┘
```

Si una parte incumple su contenido	Si se produce una modificación importante de las circunstancias que motivaron la sentencia	Si se reconcilian los cónyuges
La otra parte puede acudir a procedimiento de EJECUCIÓN DE SENTENCIA	Ambas partes pueden acudir al PROCEDIMIENTO DE MODIFICACIÓN DE MEDIDAS	El matrimonio extinguido no revive, pero se pueden volver a casar el uno con el otro

deberemos atender a las posibles alteraciones del patrimonio de cada uno de los cónyuges, el aumento o disminución de los ingresos de cada uno de los cónyuges. Por otro lado, el derecho a percibir la pensión compensatoria se extingue por contraer el acreedor o la acreedora nuevo matrimonio o por vivir maritalmente con otra persona.

También debemos mencionar que el derecho a la pensión no se extinguirá si se produce la muerte del deudor. Ahora bien, los herederos podrán solicitar al juez su reducción o supresión.

Finalmente, y para acabar recordando, a modo de resumen, las diferentes problemáticas y posibles soluciones derivadas de la separación y divorcio que, según hemos visto a lo largo de los diferentes capítulos de este libro, se nos pueden plantear, adjuntamos dos esquemas que nos ayudarán a aclarar definitivamente nuestras ideas.

101

Modelos de escritos judiciales

En este capítulo final, para aclarar los conceptos que hemos ido comentando, vamos a presentar algunos modelos de demanda de separación, de divorcio, de contestación a la demanda, de modificación de medidas adoptadas en tales resoluciones y de ejecución de la sentencia.

Se trata de modelos básicos, con los cuales pretendemos aportar al lector una visión global del modo en que se estructurará una solicitud a la autoridad judicial.

El escrito en cuestión será redactado y firmado por el abogado que defienda al cónyuge, quien hará constar en el mismo las necesidades y motivos de su cliente, las cuales, como es obvio, variarán en cada caso en concreto.

Los escritos que se expondrán durante el proceso de separación o divorcio, o bien durante las alegaciones (salvo el convenio regulador de la separación o divorcio), se estructuran principalmente en cuatro partes o bloques diferenciados:

— primera parte: un encabezamiento en el cual se indicarán los datos personales de los esposos y se especificará la petición concreta que se formula (separación, divorcio, nulidad, ejecución de sentencia, modificación de medidas). También, como veremos a continuación, será necesario hacer constar el nombre del procurador de la parte que realice la petición que se está planteando.
— segunda parte (hechos o alegaciones): en ella se expondrán detallada y ordenadamente las pretensiones que se formulan y se justificará la conveniencia de que las mismas sean atendidas por el juez.

— tercera parte (fundamentos de derecho): se especificarán aquellos artículos de las leyes a partir de los cuales la parte base sus pretensiones.

— cuarta parte (súplica): consiste en un breve resumen en el que se harán constar de la manera más sintética posible cuáles son las peticiones de la parte y se solicitará que se dicte resolución judicial de conformidad a lo que haya interesado la parte en cuestión.

Finalmente, y para facilitar al lector un cómodo y rápido acceso al formulario que le interese consultar, adjuntamos un listado de los diferentes modelos que se presentan. Son los siguientes:

1. Demanda de separación de mutuo acuerdo.
2. Convenio de separación de mutuo acuerdo.
3. Demanda de divorcio contencioso.
4. Contestación a la demanda contenciosa de divorcio.
5. Demanda de ejecución de sentencia.
6. Demanda de modificación de las medidas que se hayan adoptado en sentencia.

Todos aquellos escritos que se presenten ante el juzgado en supuestos de procedimientos de separación, divorcio y nulidad, al igual que en otros muchos procesos más, deberán hacer constar en el encabezamiento el nombre del procurador que cada parte haya escogido.

Para que tal procurador pueda efectivamente proceder a representar a su cliente, este deberá concederle expresamente tal representación. Para ello, suele recurrirse a dos modos bien diferenciados de procedimiento:

— apud acta: compareciendo el cliente ante el juzgado y manifestando en él su deseo de que le represente un procurador determinado. Dicho apoderamiento es gratuito y servirá sólo para ese pleito;

— mediante escritura de poder: formalizando el cliente ante un notario un documento (escritura de poder) en virtud del cual se concede la mencionada representación al procurador que se haya escogido. Dicho apoderamiento servirá para todos los pleitos, de cualquier naturaleza, que puedan interponerse y tendrá el coste que supongan los honorarios del notario.

DEMANDA DE SEPARACIÓN DE MUTUO ACUERDO

AL JUZGADO

DON ... [nombre y apellidos del procurador], procurador de los Tribunales y de DOÑA ... [nombre y apellidos de la demandante o parte actora, en este caso la esposa], según designa Apud Acta a formalizar ante la secretaría del juzgado en el momento procesal oportuno, ante el juzgado comparezco y como mejor proceda en derecho,

DIGO:

Que mediante el presente escrito y en la representación acreditada formulo DEMANDA DE SEPARACIÓN MATRIMONIAL con el consentimiento del esposo DON ... [nombre y apellidos del demandado, en este caso el esposo] con domicilio en ..., calle ..., demanda que baso en los siguientes

HECHOS

PRIMERO.– DOÑA ... y DON ... contrajeron matrimonio en ..., el día ..., según es de ver por el certificado literal de matrimonio que acompaño como documento n.º 1.

SEGUNDO.– Que de dicho matrimonio ha nacido y vive un hijo, ..., nacido el día ..., según se acredita mediante certificación de nacimiento que se acompaña como documento n.º 2.

TERCERO.– El domicilio familiar es el ubicado en ...

CUARTO.– Que el régimen económico-matrimonial es el régimen de ...

105

QUINTO.– Que habiendo surgido entre los cónyuges desavenencias que han hecho imposible la convivencia matrimonial y, por tanto, la continuación de la vida en común, han decidido de común acuerdo solicitar su SEPARACIÓN JUDICIAL, habiendo transcurrido más de tres meses desde la fecha de celebración del matrimonio, para lo cual han confeccionado la propuesta de Convenio Regulador y ello a efectos de que, previa su aprobación y homologación judicial, adquieran efectividad legal los acuerdos suscritos libremente por los cónyuges.

Se aporta como documento n.º 3 el indicado Convenio Regulador.

A los anteriores hechos son de aplicación los siguientes

FUNDAMENTOS DE DERECHO

[En este apartado se consignarán los artículos de la ley en que la parte que presenta el escrito basa sus pretensiones. A título de ejemplo, en este primer modelo se especificarán los mismos para facilitar el acceso global al escrito judicial que se expone. No obstante, en los próximos formularios omitiremos referencias a los preceptos para facilitar su comprensión].

I.– En lo referente a la COMPETENCIA es de aplicación el artículo 769.2 de la Ley de Enjuiciamiento Civil.

II.– Art. 750.2 de la Ley de Enjuiciamiento Civil en cuanto a la representación y defensa de las partes en el procedimiento de separación solicitado de común acuerdo de los cónyuges.

III.– En cuanto al PROCEDIMIENTO de separación de mutuo acuerdo, será lo dispuesto en el artículo 777 de la Ley de Enjuiciamiento Civil.

IV.– En cuanto a la procedencia de la SEPARACIÓN es de aplicación el Art. 81.1 del Código Civil.

V.– En referencia a los EFECTOS de la separación, estos serán los recogidos en el Convenio Regulador, si es judicialmente aprobado, a tenor de lo dispuesto en el Art. 90 del Código Civil.

VI.– Artículo 755 de la Ley de Enjuiciamiento Civil en cuanto a la inscripción de oficio de la sentencia de separación en el Registro Civil correspondiente.

En su virtud,

AL JUZGADO SUPLICO

Que teniendo por presentado este escrito, con los documentos que se acompañan y sus copias, se sirva admitirlos, y en sus méritos se me tenga por comparecido y parte en la presentación que acredito de DOÑA ..., y por deducida demanda de separación que se formula con el consentimiento de DON ..., para que en su día y previos los trámites legales oportunos se dicte sentencia por la que se acuerde la separación de los cónyuges con los efectos a los que se alude en el Convenio Regulador que se acompaña, ordenándose lo conducente para la práctica de las oportunas inscripciones en el Registro Civil, sin mención especial en cuanto a las costas.

En ... [lugar], a ... [fecha].

Firma letrado   Firma procurador
Colegiado n.°   Colegiado n.°

CONVENIO DE SEPARACIÓN DE MUTUO ACUERDO

En ... [lugar], a ... [fecha].

REUNIDOS

De una parte, DOÑA ... [esposa], mayor de edad, con domicilio en ...,
y provista de DNI ...

Y de otra, DON ... [esposo], mayor de edad, con domicilio en ... y
provisto de DNI ...

Actúan ambos en su propio derecho e interés, reconociéndose mutuamente capacidad legal para contratar y obligarse y a tal efecto.

MANIFIESTAN

I.– Que contrajeron matrimonio canónico/civil en ... [lugar] el día ...

II.– Que de su matrimonio nace y vive en la actualidad un hijo, llamado ..., nacido el día ...

III.– Dicho matrimonio se contrajo bajo el régimen económico de régimen de gananciales (por ejemplo), no habiendo otorgado los contrayentes capitulaciones matrimoniales que lo modifiquen.

IV.– Que por circunstancias que no son del caso exponer, y habiendo
transcurrido el tiempo establecido legalmente, ambos esposos han decidido solicitar al Juzgado de común acuerdo la separación y regular sus
efectos conforme al presente instrumento, con sujeción a los siguientes

PACTOS

PRIMERO.– GUARDA Y CUSTODIA Y PATRIA POTESTAD.

DOÑA ... ostentará la guarda y custodia de su hijo, menor de edad ...,
siendo la patria y potestad compartida por ambos progenitores.

SEGUNDO.– RÉGIMEN DE VISITAS.

Se establece en favor de DON ... el siguiente RÉGIMEN DE VISITAS:

a) El niño permanecerá en compañía de su padre los fines de semana alternos, desde el viernes a las 19 horas hasta el domingo a las 20 horas, y los miércoles desde las 10 horas de la mañana hasta las 20 horas de ese mismo día.

b) En cuanto a las vacaciones de verano, Navidad y Semana Santa, ambos esposos acuerdan que el hijo permanecerá, de modo alterno, la mitad de las mismas junto a su padre, pudiendo escoger dicha mitad la madre en los años pares y el padre en los años impares.

En cumplimiento del régimen de visitas estipulado, se conviene que el padre deberá recoger a su hijo en el domicilio de su madre y reintegrarlo al mismo.

TERCERO.– DOMICILIO.

Se atribuye a la esposa, DOÑA ..., el uso del domicilio que fue conyugal sito en ..., calle ..., en el que residirá junto a su hijo.

DON ... fijará su domicilio en ..., obligándose ambos esposos a comunicarse mutuamente cualquier cambio de residencia.

CUARTO.– PENSIÓN DE ALIMENTOS.

DON ... ingresará en la cuenta corriente de DOÑA ..., número ..., la cantidad de ... euros mensuales (por doce mensualidades) dentro de los cinco primeros días de cada mes y por meses anticipados, cantidad que se adecuará cada año a los Índices de Precios al Consumo que publica el Instituto Nacional de Estadística (INE) u organismo que en el futuro lo sustituya.

QUINTO.– PENSIÓN COMPENSATORIA.

Ambas partes, al no existir desequilibrio económico entre ellas, acuerdan NO establecer cantidad alguna en concepto de pensión compensatoria en favor de ninguno de los esposos.

SEXTO.– LIQUIDACIÓN DEL RÉGIMEN ECONÓMICO MATRIMONIAL.

Ambos esposos se hallan sometidos al régimen económico de gananciales, por lo que en este acto se procede a su liquidación del modo siguiente.

INVENTARIO

a) ACTIVO

— ... de euros depositados en las cuentas corrientes de las entidades financieras ...;
— inmueble sito en ... valorado en ...;
— mobiliario depositado en el citado inmueble valorado en ...;
— vehículo ... valorado en ...;
— acciones de las entidades ... por importe de ...

b) PASIVO

— hipoteca constituida sobre el inmueble sito en ..., siendo el capital pendiente de pago: ...

DISTRIBUCIÓN

a) DOÑA ... se adjudica el inmueble sito en ... y los muebles existentes en el mismo.
b) DOÑA ... deberá hacerse cargo del pago de la suma pendiente de abono de la hipoteca suscrita para la compra de la citada vivienda.
c) DON ... se adjudica el coche ..., el dinero depositado en el banco ... y las acciones de las entidades ...

SÉPTIMO.– Las partes quieren dar al presente instrumento el carácter de proyecto de convenio regulador que se someterá a la aprobación judicial prevista por la ley.

Y en prueba de conformidad, firman este documento por triplicado ejemplar y a un solo efecto, en la ciudad y fecha indicados en el encabezamiento.

DOÑA ...   DON ...

DEMANDA DE DIVORCIO CONTENCIOSO

AL JUZGADO

DON ..., Procurador de los Tribunales y de DON ..., según designa Apud Acta a formalizarse la secretaría del juzgado en el momento procesal oportuno, ante el juzgado comparezco y como mejor proceda en derecho,

DIGO:

Que mediante el presente escrito y en la representación acreditada formulo demanda de disolución por DIVORCIO del matrimonio celebrado por mi mandante con DOÑA ..., con domicilio en ..., calle ..., demanda que baso en los siguientes

HECHOS

PRIMERO.– DOÑA ... y DON ... contrajeron matrimonio civil en ... el día ...
Se acompaña de documento n.º 1, certificado de matrimonio.

SEGUNDO.– Que de dicho matrimonio ha nacido y vive un hijo, llamado ..., de ... años de edad.
Se acompaña de documento n.º 2, certificado de nacimiento.

TERCERO.– Que mi representado, de un matrimonio anterior, tuvo dos hijos llamados ... y ..., siendo en la actualidad ambos mayores de edad, pero conviviendo ..., de veinte años de edad, en el domicilio que fue conyugal.

CUARTO.– Habiendo transcurrido más de tres meses desde que se celebró el matrimonio entre los esposos, es de interés de mi mandante solicitar la disolución de su matrimonio por divorcio.

111

QUINTO.– Efectos del divorcio.

1.– Custodia del hijo.

Solicita esta parte que se atribuya al padre la guarda y custodia del hijo del matrimonio.

DON ..., por hallarse jubilado, dispone de la totalidad de su tiempo para atender a su hijo (nombre del hijo) ..., con el cual, siempre que se hallan en su mutua compañía, mantiene unas excelentes relaciones paterno-filiales.

Dicha dedicación total no puede ser facilitada al menor por su madre, DOÑA ..., quien durante los días laborables viaja constantemente por motivos profesionales fuera de esta población, viéndose obligada reiteradamente a pernoctar fuera de su domicilio. Ello le impide atender al niño en la medida que este lo requiere.

2.– Régimen de visitas.

Siendo la potestad de los hijos compartida por ambos progenitores, se interesa igualmente en favor de DOÑA ... el siguiente RÉGIMEN DE VISITAS:

a) El niño permanecerá en compañía de su madre los fines de semana alternos, desde los sábados a las 10 horas de la mañana hasta el domingo a las 20 horas, siendo recogido y devuelto a su padre en el domicilio de este.

b) En cuanto a las vacaciones de verano, Navidad y Semana Santa, el niño permanecerá, de modo alterno, la mitad de las mismas junto a su madre, pudiendo escoger dicha mitad la madre en los años impares y el padre en los años pares.

3.– Uso del domicilio conyugal.

Atendido que la madre posee una vivienda de su propiedad en la que reside normalmente desde la separación del matrimonio, el uso de la que en su día fue domicilio conyugal, propiedad de DON ..., debe ser atribuido al mismo, en el que residirá junto con su hijos ...

4.– Pensión alimenticia en favor del hijo.

Solicita esta parte que en concepto de alimentos para el menor ...,
DOÑA ... abone el importe mensual de ... euros (por doce mensualidades), que ingresará en la cuenta que el padre designe dentro de los cinco
primeros días de cada mes y por meses anticipados, cantidad que se adecuará cada año a los Índices de Precios al Consumo que publica el INE
u organismo que en el futuro le sustituya.

DON ... posee como únicos ingresos económicos la pensión de jubi-
lación que percibe por importe de ... euros mensuales, debiendo sufragar
con ello, junto a los gastos personales básicos, los de su hijo ..., que a sus
veinte años está todavía cursando estudios universitarios.

Por otro lado, DOÑA ... obtiene elevados ingresos económicos fruto
de su actividad laboral, que le permiten sufragar la cantidad solicitada en
concepto de pensión por alimentos.

FUNDAMENTOS DE DERECHO

[A continuación, como ya hemos indicado, se especificarían los preceptos
legales en los que basemos las peticiones que solicitamos, los cuales
deberán adaptarse en cada caso concreto, a tenor de las mismas].

En su virtud,

AL JUZGADO SUPLICO

Que habiendo por presentado este escrito, con los documentos que se
acompañan y sus copias, se sirva admitirlos, y en sus méritos se me tenga
por comparecido y parte en la representación que acredito de DON ...,
y en consecuencia tenga por deducida demanda de divorcio del matrimonio contraído con DOÑA ... y, previos los trámites legales pertinentes, dictar en su día sentencia en la que se acuerde el divorcio de los cónyuges, ordenándose lo conducente para la práctica de las oportunas
inscripciones en el Registro Civil, adoptándose como efectos del divorcio
los expresados en el Hecho Sexto de esta demanda, que son los siguientes:

1.– Se acuerde atribuir la guarda y custodia del menor ... a DON ...,
ostentando ambos progenitores la patria potestad compartida.

2.– Se conceda el régimen de visitas del menor en favor de la madre, en
los siguientes términos:

a) El niño permanecerá en compañía de su madre los fines de semana
alternos, desde los sábados a las 10 horas de la mañana hasta el domingo
a las 20 horas, siendo recogido y devuelto a su padre en el domicilio de
este.
b) En cuanto a las vacaciones de verano, Navidad y Semana Santa, ...
permanecerá, de modo alterno, la mitad de las mismas junto a su madre,
pudiendo escoger dicha mitad la madre en los años impares y el padre en
los años pares.

3.– Se atribuya el uso y disfrute del que fuere domicilio conyugal a DON ...

4.– Se acuerde que DOÑA ... abonará a DON ..., en concepto de alimentos en favor de su hijo, la cantidad mensual de ... euros, por doce
mensualidades, que ingresará en la cuenta que el padre designe, dentro
de los cinco primeros días de cada mes y por meses anticipados, cantidad
que se adecuará cada año a los Índices de Precios al Consumo que publica el INE u organismo que en el futuro le sustituya.

En ... [lugar], a ... [fecha].

Firma abogado   Firma procurador
Colegiado n.º   Colegiado n.º

CONTESTACIÓN A LA DEMANDA CONTENCIOSA DE DIVORCIO

Juzgado de Primera Instancia n.º ...
... [lugar]
Divorcio n.º ...

AL JUZGADO

DON ..., procurador de los Tribunales y de DON ..., según acredito mediante escritura de poder que, debidamente bastanteada acompaño, ante el juzgado comparezco y como mejor proceda en derecho,

DIGO:

Que mediante el presente escrito y en la representación que ostento, en tiempo y forma hábiles, paso a CONTESTAR la demanda de DIVORCIO interpuesta por DOÑA ... contra mi principal, contestación que baso en los siguientes

HECHOS

PRIMERO.– De acuerdo con los Hechos ... de la demanda (se indican los Hechos del escrito de demanda de divorcio con los que la parte demandada está de acuerdo: por ejemplo lugar y fecha de la boda, existencia o no de hijos nacidos de la unión matrimonial, etc.), negando los restantes en cuanto no sean expresamente admitidos en el cuerpo del presente escrito.

SEGUNDO.– No nos oponemos a que se establezca el divorcio del matrimonio formado por DOÑA ... y DON ..., pero sí en cuanto se conceda pensión compensatoria en favor de la actora.

Esta parte considera no debe atribuirse a favor de DOÑA ... pensión compensatoria alguna y ello principalmente por cuanto la ruptura matrimonial no comportó para la esposa desequilibrio económico alguno.

Desde que DON ... y DOÑA ... se casaron en ... [fecha] hasta el momento del cese de la convivencia conyugal, la esposa estuvo trabajando en ..., obteniendo como retribución a su actividad laboral un salario que siempre fue similar al percibido por mi representado en el mismo concepto. Por otro lado, desde el momento de la efectiva separación de los cónyuges hasta la actualidad, DOÑA ... ha continuado trabajando, pudiéndose sustentar perfectamente con el sueldo que la misma obtiene. Por otro lado, debemos recordar que la unión marital únicamente se prolongó por espacio de 16 meses, decidiendo separarse los cónyuges de común acuerdo en ... [fecha], tal y como la misma parte actora admite en su escrito de demanda. En ese momento DON ... abandonó el domicilio conyugal, pasando a residir en ..., habiendo llevado desde entonces los esposos vidas separadas.

Se acompaña de documentos n.° ..., nóminas acreditativas de los salarios obtenidos por ambos esposos en las fechas en que mutuamente acordaron su separación, y certificado de empadronamiento, donde se acredita la residencia del esposo en el domicilio (distinto del conyugal) sito en ... desde la fecha de la ruptura matrimonial.

Así pues, no habiendo producido la ruptura matrimonial desequilibrio alguno a la parte demandante, y teniendo en especial consideración el breve periodo de tiempo que los esposos convivieron maritalmente, entiende esta representación que no cabe conceder pensión por alimentos alguna en favor de DOÑA ...

A los anteriores hechos son de aplicación los anteriores

FUNDAMENTOS DE DERECHO

[Como en los casos precedentes, en este apartado se indicarán los preceptos legales en los que basemos nuestras pretensiones].

En su virtud,

AL JUZGADO SUPLICO

Se sirva admitir este escrito, con sus documentos y copias de los mismos, teniéndome por comparecido y parte, y por formulada contestación a la demanda de adverso, y en su día, y tras los trámites legales pertinentes, se sirva dictar resolución en la que se decrete el divorcio de los cónyuges y con los efectos solicitados en el presente escrito.

En ... [lugar], a ... [fecha].

Firma abogado   Firma procurador
Colegiado n.º   Colegiado n.º

DEMANDA DE EJECUCIÓN DE SENTENCIA

Juzgado de Primera Instancia n.º ...
Procedimiento n.º ...

AL JUZGADO

DON ..., procurador de los tribunales y de DON ..., ante el juzgado comparezco y como mejor proceda en derecho,

DIGO:

Que siendo firme la sentencia dictada en este procedimiento, por medio del presente escrito, vengo a instar la EJECUCIÓN de la misma, sobre la base de los siguientes

HECHOS

PRIMERO.– Que en fecha de ... se dictó sentencia en el presente procedimiento, en la que entre otros pronunciamientos se disponía:

Que en concepto de pensión alimenticia para los hijos ... y ..., DOÑA ... abonará mensualmente a DON ..., dentro de los primeros cinco días de cada mes, la cantidad de 400 euros, que ingresará en la cuenta corriente n.º ... que el esposo posee en la entidad bancaria ..., suma que será actualizada anualmente conforme a las variaciones que experimente el IPC.

SEGUNDO.– Que DOÑA ... ha dejado de abonar la pensión por alimentos correspondiente a los meses de marzo a diciembre del presente año, que a razón de 400 euros al mes asciende a 4.000 euros.

Mi principal ha requerido de pago a DOÑA ... en numerosas ocasiones, sin que hasta la fecha esta haya efectuado ingreso alguno por tales conceptos.

FUNDAMENTOS DE DERECHO

[Como en los casos precedentes, en este apartado se indicarán los preceptos legales en los que basemos nuestras pretensiones].

En su virtud,

AL JUZGADO SUPLICO

Que habiendo por presentado este escrito, y sus copias, se sirva admitirlo, y en sus méritos tenga por instada la ejecución de la sentencia, acordándose:

PRIMERO.– Requerir a DOÑA ... para que en el plazo de ... días proceda a ingresar la cantidad de ... euros adeudada a fecha de hoy; y las que se vayan acumulando en sede de ejecución de sentencia, en la cuenta corriente de DON ... indicada en el presente escrito.

SEGUNDO.– De no efectuar el pago en dicho plazo:

a) Librar requerimiento a la empresa ... donde la deudora trabaja para que proceda a retener mensualmente de los salarios de DOÑA ... la cantidad de 400 euros que ingresará en la cuenta corriente de este Juzgado.

b) Imponer a DOÑA ... una multa coercitiva mensual por importe de ... euros.

c) Deducir testimonio de lo actuado y remitirlo a los juzgados de la jurisdicción penal para el estudio de si la conducta de DOÑA ... pudiera ser constitutiva de delito.

En ... [lugar], a ... [fecha].

Firma abogado   Firma procurador
Colegiado n.º   Colegiado n.º

DEMANDA DE MODIFICACIÓN
DE MEDIDAS ADOPTADAS EN SENTENCIA

AL JUZGADO

DON ..., Procurador de los Tribunales y de DON ..., según acredito mediante escritura de poder que, debidamente bastanteada acompaño, ante el juzgado comparezco y como mejor proceda en derecho,

DIGO:

Que mediante el presente escrito y en la representación que ostento, formulo DEMANDA DE MODIFICACIÓN DE MEDIDAS, contra DOÑA ..., con domicilio en ..., demanda que baso en los siguientes

HECHOS

PRIMERO.– DON ... y DOÑA ... se hallan divorciados en virtud de sentencia de fecha ..., dictada por el Juzgado de Primera Instancia n.º ... de ..., divorcio n.º ... [datos del procedimiento correspondiente], la cual disponía, entre otros pronunciamientos, el siguiente.

DON ... abonará en concepto de alimentos en favor de sus hijos ... y ..., mensualmente y dentro de los cinco primeros días de cada mes, la suma de ... euros para cada uno de ellos, cantidad que será actualizada anualmente conforme al IPC que publique el Instituto Nacional de Estadística.

Se acompaña del documento n.º 1, certificación de la indicada sentencia.

SEGUNDO.– Que las circunstancias económicas de DON ..., así como las necesidades de sus hijos ... y ... han variado en el tiempo, siendo diversas al momento actual a las vigentes al dictarse la resolución indicada.

Al declararse el divorcio de los SRES. ... y ..., el esposo, DON ..., percibía unos ingresos mensuales de ... euros fruto de su actividad laboral. En la actualidad, DON ... se halla jubilado y ha visto reducidos sus ingresos a la cantidad mensual de ...

Por otro lado, su hijo ..., que en el momento de decretarse el divorcio era menor de edad, en la actualidad tiene 23 años, habiéndose incorporado al mundo laboral, trabajando en la empresa ... y cobrando un salario con el que se sustenta.

TERCERO.– De los hechos relatados se evidencia una variación sustancial de las circunstancias que motivaron la sentencia de divorcio, tanto en cuanto a las posibilidades del obligado al pago, DON..., como a las necesidades de su perceptor, en este caso de ...

Ello debe sin duda implicar una modificación de las medidas adoptadas en su momento, solicitando esta parte que suprima el derecho del hijo ... a percibir cantidad alguna en concepto de alimentos, reduciéndose el importe de dicha pensión a abonar por DON ... en favor de su otro hijo ... en la cantidad de ... euros, suma que será actualizada anualmente conforme a las variaciones del IPC.

A los anteriores hechos son de aplicación los anteriores

FUNDAMENTOS DE DERECHO

[Como en los casos precedentes, en este apartado se indicarán los preceptos legales en los que basemos nuestras pretensiones].

En su virtud,

AL JUZGADO SUPLICO

Se sirva admitir este escrito, con sus documentos y copias de los mismos, teniéndome por parte en la representación acreditada, y por formulada demanda de modificación de medidas contra DOÑA ..., y previos los oportunos trámites legales, se dicte sentencia acordándose suprimir la pensión de alimentos a abonar por DON ... a su hijo ... y reducir la que corresponde a su otro hijo ... a la suma de ... euros, que será actualizada anualmente conforme a las variaciones del IPC.

En ... [lugar], a ... [fecha].

Firma abogado   Firma procurador
Colegiado n.º   Colegiado n.º

Glosario

Abogado o letrado. Aquel profesional que tiene por misión asesorar y defender ante los tribunales los intereses que tenga su cliente. Hay que tener en cuenta que el abogado defiende, pero no representa a su cliente. Dicha representación, la ley la confiere al procurador, quien por otro lado no defenderá al cliente.

Apud acta. Comparecencia del cliente ante el juzgado para manifestar su deseo de que le represente un procurador determinado. Se realiza al inicio del pleito, pudiendo ser sustituida por la designa de tal procurador mediante una *escritura de poder* (véase).

Convenido regulador. Documento suscrito por los esposos en el cual se plasman los pactos que los mismos han acordado para regular los efectos personales y económicos de la ruptura de dicho matrimonio. Todo convenio deberá contener unas estipulaciones mínimas, como son las relativas a la guarda y custodia de los hijos menores o incapaces, régimen de visitas, pensión de alimentos y uso del domicilio conyugal. Se someterá a la aprobación del juez, quien examinará su corrección y acordará la separación o divorcio que se plantee por los esposos y los efectos derivados de los mismos a tenor de lo propuesto por las partes.

Declaración de fallecimiento. Transcurrido un determinado periodo de tiempo desde que una persona ha desaparecido sin dejar noticias, se podrá instar un procedimiento judicial con el objeto de declararle fallecido, momento a partir del cual podrá procederse al reparto de su herencia. Los plazos para instar dicha declaración de fallecimiento variarán en función de la edad (si es mayor o menor de 65 años) del ausente y de las circunstancias en que desapareció (accidente aéreo, terremoto, etc.).

Demanda. Escrito inicial por el que se da comienzo un procedimiento judicial.

Demandado. El reclamado, persona contra la que se interpone una demanda.

Demandante o actor. El reclamante, persona que inicia el procedimiento.

Derecho de usufructo. Es el derecho que ostenta determinada persona (llamada *usufructuaria*) a hacer uso de un bien del que no es propietaria ella sino otra persona diferente. Mientras dure el usufructo, el propietario del bien no tendrá derecho a usarlo. El usufructo puede ser temporal (durará un determinado plazo, el que pacten las partes) o vitalicio (hasta que fallezca el usufructuario).

Divorcio. Constituye una causa de disolución del vínculo matrimonial. Obtenida la resolución de divorcio, cualquiera de los que en su día fueron esposos podrá contraer libremente nuevo matrimonio.

Donaciones realizadas por razón de matrimonio. Donaciones que cualquier persona hace antes de celebrarse un determinado matrimonio, en consideración al mismo y en favor de uno o de los dos esposos.

Emancipación. Es el momento a partir del cual la persona pasa a gozar de la plenitud de derechos civiles que el ordenamiento jurídico contempla. La emancipación se produce cuando la persona alcanza los dieciocho años de edad. Sin embargo, en determinados supuestos, la emancipación puede producirse con anterioridad a ese momento (aunque algunos de los derechos civiles seguirán todavía limitados hasta cumplir dieciocho años). Las emancipaciones anteriores a cumplir los dieciocho años se producirán por decisión judicial; por decisión de los padres, cuando los hijos tengan más de dieciséis años, o por matrimonio del menor (previa dispensa del impedimento que supone casarse antes de los dieciocho años de edad).

Escritura de poder. Formalización por parte del cliente ante un notario de un documento (escritura de poder) en virtud del cual se concede la representación al procurador escogido.

Escritura pública. Documento firmado por una o varias personas ante un notario, cumpliendo determinadas formalidades que tienen por finalidad garantizar la autenticidad del otorgamiento o realización del mismo. Será preciso formalizar en escritura pública aquellas disposiciones o acuerdos que se pretendan presentar ante el Registro de la Propiedad o el Registro Mercantil.

Guarda y custodia. Institución que establece qué cónyuge/s convivirá con el hijo, prestándole las atenciones diarias que precise y adoptando las medidas normales que exige la vida en común.

Jurisprudencia. Es la orientación o criterios que se desprenden de las sentencias de los jueces. Cuando un alto tribunal dicta reiteradas sentencias en un sentido similar, podemos entender que está creando jurisprudencia, la cual nos servirá para conocer los parámetros que se aplican judicialmente a un problema legal, parecido al que se nos puede plantear en un determinado momento.

Ministerio fiscal. Representante del Estado que estará habilitado para intervenir en determinados procesos judiciales, además de las propias partes directamente implicadas. En los procedimientos matrimoniales su presencia vendrá a garantizar la defensa de los intereses de los hijos menores de edad o incapacitados.

Nulidad. Reconocimiento judicial de que el matrimonio nunca ha existido (a pesar de la apariencia del mismo), considerando que aquel ya era falso en su origen, es decir, desde el momento de su misma celebración.

Oficio, de. Por propia decisión del juez. Los tribunales, en algunas ocasiones, podrán actuar por propia iniciativa y en algunas otras únicamente podrán hacerlo previa petición de alguna de las partes del procedimiento. En el primer caso diremos que el juez actúa de oficio; en el segundo, que actúa a instancia de parte.

Parte. Los procedimientos judiciales suponen la existencia de una persona (física o jurídica) que reclama frente a otra. A estas personas, cuyos intereses se defenderán y discutirán durante el procedimiento judicial, las llamaremos *partes procesales*. En derecho matrimonial, cada uno de los esposos será una parte procesal distinta (salvo, como ya se verá, en demandas que se hagan de mutuo acuerdo), pudiendo ser parte también el ministerio fiscal si existen hijos menores de edad o incapaces.

Pensión de alimentos. Cuantía mensual que percibe el padre que ostenta la guarda y custodia y/o convive con el hijo del otro progenitor como contribución a los gastos que supone el hijo.

Pensión compensatoria. Cuantía mensual que uno de los cónyuges abona al otro en los casos de ruptura matrimonial, para compensar el desequilibrio económico generado entre ambos a raíz de tal ruptura.

Poder de representación. Es aquella declaración unilateral efectuada por una persona en virtud de la cual otorga determinadas facultades a otra, pudiendo esta última obligarse frente a terceras personas en nombre de la primera y en los términos previstos en la mencionada declaración unilateral.

Procurador. Es aquel profesional que ostentará la representación de su cliente frente a los tribunales. El juzgado notificará sus resoluciones a cada una de las partes a través de su procurador, pudiendo este actuar igualmente en nombre de su cliente cuando este no esté presente.

Reconciliación judicial. Comunicación de los esposos al juzgado que tramita o tramitó la separación de la voluntad de ambos cónyuges de reiniciar la convivencia estable. El Juzgado dejará sin efecto las resoluciones que al respecto haya dictado, salvo las que sean convenientes mantener en relación a los hijos. Sólo cabe tras la separación, no cabe tras el divorcio.

Reconvención. Reclamación introducida en el procedimiento por el demandado contra el demandante con el fin de ampliar el objeto litigioso con nuevas pretensiones, es decir, crear un nuevo motivo de discusión. El demandado no se limita a defenderse de la acusación dirigida por el demandante, sino que responde con una nueva petición contra aquel que interpuso la demanda. Debe ser admitida por el juez tras el examen de unos requisitos previos.

Registro Civil. Archivo a cargo de un juez municipal en el que se inscriben o anotan los nacimientos, matrimonios, separaciones, divorcios, incapacitaciones, defunciones y demás actos relativos al estado civil de las personas.

Registro Mercantil. Archivo oficial en el que se inscriben los comerciantes, ya sean personas físicas (comerciantes individuales) o personas jurídicas (sociedad anónima, sociedad limitada, etc.), así como los hechos realizados por los mismos que tienen trascendencia legal para las relaciones comerciales o mercantiles.

Registro de la Propiedad. Archivo oficial en que se inscriben o anotan las situaciones jurídicas (compras, ventas, hipotecas, etc.) que afectan a los bienes inmuebles.

Sentencia firme. Aquella sentencia definitiva contra la que no cabe interponer recurso alguno.

Separación. Suspensión de la convivencia entre los esposos, los cuales seguirán ostentando dicha condición. Seguirá, pues, existiendo el matrimonio.

Vista. Sesión en la que, previa citación por el juzgado, se reúnen las partes ante el juez para exponer sus pretensiones, proponer prueba que acredite sus alegaciones y practicar la misma.